Richard Deiss
Arie van der Zwan

Van kathedraal van het gevleugelde wiel tot suikerbietenstation

Wetenswaardigheden en weetjes over 250 Europese treinstations

Email-Adres van de Auteurs:
richard.deiss@gmail.com
vanderzwanarie2@gmail.com

Afbeeldingen op de omslag:
Titel: Station Amsterdam
Omslag binnenkant: oud treinstation in s-Hertogenbosch (Bossche Encyclopedie)

Fabricage en uitgave/ Herstellung und Verlag:
BoD – Books on Demand, Norderstedt
Sechste Auflage/zesde Nederlandstalige uitgave

© Richard Deiss, Arie van der Zwan, Berlin/Brussel 2022

Printed in Germany

ISBN   978-3-7543-7529-7

Bibliografische Information der Deutschen Nationalbibliothek
Die Deutsche Nationalbibliothek verzeichnet diese Publikation in der Deutschen Nationalbibliografie; detaillierte bibliografische Daten sind im Internet über http://dnb.d-nb.de abrufbar

Inhoud

5. Zuid-Europa

6. Centraal en Oost-Europa

7. Zuidoost-Europa

8. Rusland en Oekraïne

9. Kaukasus

Literatuur

Voorwoord

Er zijn veel boeken over spoorwegen, maar minder over stations. Bovenal ontbreekt het aan internationale overzichten van interessante stations.

In de zomer van 2007 publiceerde ik de paperback *Palast der tausend Winde en Stachelbeerbahnhof*, met korte verhalen, interessante feiten en anekdotes over 200 stations wereldwijd. In de loop van de tijd zijn er nog meer anekdotes verzameld. Begin 2009 publiceerde ik een tweede deel *'Der Lebkuchenbahnhof am Ende der Welt'* met 200 anekdotes over stations buiten Europa. Inmiddels is er nog een deel met Amerikaanse stations toegevoegd ('Grand Central Terminal en Pampa Station').

Maar omdat er nog meer anekdotes en interessante feiten over stations in Europa zijn, was een apart Europees deel nodig om alle verhalen op te n
emen.

Dit boek bevat dus anekdotes en feiten over 250 Europese stations (buiten Duitsland en de Alpenlanden).

Om de twee jaar is er een nieuwe editie gepland. De auteur reist zelf veel met de trein en hoopt dat deze verhalen interessant zullen zijn voor bezoekers die deze stations aandoen.

Berlijn, april 2022
Richard Deiss

Als scholier en student was ik een fanatiek treinreiziger. Ik heb jarenlang gebruik gemaakt van de Nederlandse *tienertoerkaart* – een spotgoedkoop abonnement waarmee tieners 8 dagen over het Nederlandse Spoorwegnet konden reizen om met de nationale cultuur kennis te maken- en later van de Europese *InterRailkaart*. Daarmee kon je als je jonger was dan 26 jaar een maand lang door heel Europa inclusief de landen achter het toenmalige ijzeren gordijn reizen. Hoogtepunt was een reis met de Oriënt-Express van Parijs naar Istanboel via Boekarest en Sofia. De trein was zo overvol dat wij als backpackers in de gangpaden en de bagagerekken moesten slapen te midden van de lokale bevolking die toen nog geiten en andere dieren meenam in de trein. Tijdens mijn werkzame leven nam ik ook nog bij voorkeur de trein als de reistijden dat toelieten.

Toen Richard Deiss mij vroeg een Nederlandse bewerking van zijn boek te maken, ging ik dan ook graag op zijn uitnodiging in. Ik heb de tekst geactualiseerd waar nodig was en verder aangevuld met weetjes en wetenswaardigheden over de stations. Ook zijn enkele stations toegevoegd en andere weggelaten. Ik wil Ineke Stoop bedanken voor haar commentaar en suggesties voor de Nederlandse bewerking.

Zoetermeer, april 2022
Arie van der Zwan

1. Benelux

1.1 Nederland - de Randstad

Amsterdam Centraal en de publieke werken.

Amsterdam Centraal Station is vlak na Utrecht Centraal Station het drukste station van Nederland (200.000 passagiers). Het is tussen 1881 en 1889 gebouwd door de architect Cuypers in een stijl die een mengeling is van gothiek en renaissance en die lijkt op die van het Rijksmuseum dat hij vijf jaar eerder had ontworpen. Het is gebouwd op drie kunstmatige eilanden in het IJ, die werden aangelegd met duinzand dat vrijkwam bij de aanleg van het Noordzeekanaal. Er 8687 palen in de grond worden geheid om een stabiele fundering te garanderen. Tegenover het station ligt het in 1890 geopende Victoria Hotel. Dit hotel valt op omdat de gevel om twee oudere huisjes heen gebouwd is. De koppige eigenaren wilden deze destijds niet aan de bouwer verkopen. Dit verhaal staat uitgebreid beschreven in de roman 'Publieke Werken' van Thomas Rosenboom. Het boek geeft een geromantiseerde beschrijving van de aanleg van de stationsbuurt en is in 2015 verfilmd. Aan de oostzijde van het station bevindt zich de Koninklijke wachtkamer, die alleen voorbehouden was aan de Koninklijke familie. Deze is tegenwoordig weer te bezichtigen. Naast Amsterdam hebben ook de stations van Den Haag - Holland Spoor en Baarn Koninklijke wachtkamers.

Amsterdam CS en de navolgers

Terwijl Rotterdam en Den Haag moderne centrale stationsgebouwen hebben, heeft Amsterdam één van de

7

mooiste historische stationsgebouwen van West-Europa. Geen wonder dat de architectuur ervan meerdere malen is gekopieerd. De architectuur van het hoofdstation van Tokio zou zijn geïnspireerd op het station van Amsterdam. Na de verwoesting in de oorlog is de gelijkenis vandaag de dag echter niet meer te zien; de gelijkenis met het Ana Hotel in het Huis ten Bosch Holland Themapark bij Nagasaki is groter. Het Amsterdam Centraal Station stond model voor dit hotel, maar ze voegden een paar verdiepingen toe aan het origineel om meer gasten te kunnen huisvesten. Er bevond zich ook een bijna perfect exemplaar in het Holland Village in Shenyang in het noordoosten van China. Daar was Amsterdams CS in 2000 perfect nagebouwd - als restaurant, maar later werd dit exemplaar gesloopt. Overigens ligt er tegenover Amsterdam CS een groot drijvend Chinees restaurant in pagodestijl.

Het prachtige Haarlemse treinstation

Op 20 september 1839 vertrok een trein vanuit Amsterdam naar Haarlem om 16 km verderop en 30 minuten later in Haarlem aan te komen. Net als de eerste Duitse trein (Der Adler) tussen Neurenberg en Fürth heette de locomotief de Arend. Dit betekende het begin van het spoorwegtijdperk in Nederland. Het eerste tijdelijke station van Haarlem was van hout, maar enkele jaren later werd een statig station in neoklassieke stijl gebouwd. In het begin van de 20e eeuw werd de spoorlijn in de stad verhoogd om het verkeer niet te hinderen en moest er een nieuw station worden gebouwd. Tussen 1905 en 1908 bouwde de architect Dirk Margadant het enige art-nouveau station van Nederland, dat door kenners als het mooiste station van het land wordt beschouwd. In het gebouw zijn prachtige tegeltableaus aangebracht. Het station wordt regelmatig gebruikt voor filmopnamen. De bekendste zijn de oorlogsfilm 'Het meisje met het rode haar' en de Amerikaanse actiefilm 'Ocean's twelve'.

Leiden Centraal Station en de happy few CS

Net als in veel andere Nederlandse steden is de spoorlijn die de studentenstad Leiden doorkruist in de jaren vijftig van de vorige eeuw verhoogd om de verkeershinder te verminderen. Dit betekende dat er een nieuw stationsgebouw moest worden gebouwd. Het naoorlogse gebouw met zijn grijze betonnen architectuur kon de lokale bevolking maar weinig bekoren. Al snel deed het gezegde 'zo lelijk als het station van Leiden' de ronde. In de daaropvolgende decennia nam het verkeer steeds meer toe, mede door het groeiende aantal studenten, en al snel was het stationsgebouw te klein geworden. Tot slot werd het grijze betonnen station gesloopt en vervangen door een lichte en luchtige glas- en staalconstructie, die in 1996 werd geopend. Maar de stad was nog niet tevreden. Omdat Leiden qua reizigersaanbod het op vier na meest bezochte Nederlandse station was, wilde de stad het station als CS (Centraal Station) laten classificeren. De Nederlandse spoorwegen waren daar terughoudend mee omdat ze beducht waren voor de extra kosten die zouden ontstaan als andere steden ook zouden vragen om een andere stationsnaam. Uiteindelijk gaven de Nederlandse spoorwegen toe, maar bepaalden dat alleen de vijf grootste Nederlandse stations de CS-aanduiding mochten dragen (Utrecht, Amsterdam, Rotterdam, Den Haag en Leiden). Het slachtoffer van dit beleid was Almere, waarvan het station werd omgedoopt van CS tot Centrum. Of dit heeft geleid tot wrevel tussen Almere en Leiden is niet bekend. Inmiddels hebben de Nederlandse Spoorwegen de criteria iets versoepeld, zo kan er ook een internationale trein stoppen.

9

Arnhem kon hiervan profiteren en mag nu ook het felbegeerde CS toevoegen. Zwolle deed echter vergeefs een poging, omdat hier geen internationale trein stopt.

Leiden´s ode aan Rembrandt

In het najaar van 2005 is op het stationsplein in Leiden een sculptuur van de Nederlandse schrijver en kunstenaar Jan Wolkers geplaatst. Het beeld heeft de titel 'Ode aan Rembrandt'. Als men nog een paar maanden had gewacht, zou de opening zijn samengevallen met de 400ste geboortedag van de grootste zoon van de stad. Wolkers zelf werd in het naburige Oegstgeest geboren, waarover hij de roman 'Terug naar Oegstgeest' schreef. Het favoriete materiaal van Jan Wolkers (1925-2007) was eigenlijk glas, maar aangezien veel van de sculpturen die hij op openbare plaatsen plaatste, het slachtoffer werden van vandalisme, koos hij in Leiden voor een stalen sculptuur met alleen glaselementen op een veilige hoogte. De kleurige scherven in de ramen van het beeld zijn bedoeld als verwijzing naar Rembrandts kleurrijke schilderijen. Het beroemdste beeld van Wolkers is het Auschwitz monument in Amsterdam uit 1993, met als titel "Nooit meer Auschwitz" dat uit gebroken spiegels bestaat.

Rotterdam Blaak en zijn bijnamen

Het eerste station op deze plaats heette Rotterdam Beurs naar het nabijgelegen beursgebouw. Dit station en het beursgebouw werden in 1940 verwoest bij het bombardement van Rotterdam. In 1945 kreeg het station daarom de naam Blaak. In 1972 werd het gesloopt voor de aanleg van de metro. In 1982 werd het metrostation Blaak geopend als onderdeel van de nieuwe metrolijn. Bij de aanleg van de metro was er al rekening mee gehouden met een toekomstig ondergronds spoorwegstation. In september 1993 werd het nieuwe station Blaak van architect Harry Reijnders geopend door Koningin Beatrix.

In de wijk Blaak, die wordt gekenmerkt door moderne architectuur waaronder de bekende kubuswoningen, verrees daarmee een opvallend bovengronds toegangsgebouw in de vorm van een vliegende schotel, dat al snel verschillende bijnamen kreeg van de Rotterdammers zoals de fluitketel, de pedaalemmer of het putdeksel.

Rotterdam EXIT

In mei 2006 stonden de letters EXIT pontificaal boven de ingang van Rotterdam Centraal Station. Dat was geen vergissing, maar een kunstproject waarmee de stad afscheid wilde nemen van het oude treinstation, een naoorlogs bouwwerk in brutalistische bouwstijl. Het stationsgebouw uit 1957 werd vervolgens afgebroken om plaats te maken voor een nieuwe constructie die voldeed aan de eisen van deze tijd. De spectaculaire architectuur van het inmiddels opgeleverde Rotterdam Centraal Station kreeg tijdens de ontwerpfase al

11

een bijnaam. De gevatte Rotterdamse bevolking noemde het station de *Patatzak.*

Rotterdam Centraal had vroeger ook een perron 0. Dit was een project van de Rotterdamse dominee Hans Visser die op een terrein naast Rotterdam CS dakloze verslaafden opving.

Rotterdam CS

Utrecht Centraal Station en de walvis

Met dagelijks rond de 200.000 reizigers is Utrecht het belangrijkste vervoersknooppunt van het Nederlandse spoorwegnet. In Utrecht ligt het hoofdkantoor van de Nederlandse spoorwegmaatschappij NS en het treinstation van Utrecht fungeert als het kloppend hart van het Nederlandse spoorwegnet. Utrecht had al in 1843 zijn eerste treinstation. Maar het werd al snel te klein en in 1855 werd een nieuw station gebouwd. Door de centrale ligging van Utrecht bleef het verkeer snel groeien en in 1865 vond er weer een verbouwing plaats. Tot 1938 had Utrecht meerdere kopstations in verschillende richtingen. Het duurde tot 1936 toen er een nieuw Centraal treinstation werd gebouwd. Dit was echter geen lang leven beschoren omdat het al in december 1938 tot de grond toe afbrandde. In 1939 verrees eindelijk een nieuw, licht en elegant gebouw uit de as. De top van de gevel van het station was op passende wijze versierd met de figuur van een feniks. Maar de vogel was alweer snel gevlogen, want in de jaren zeventig werd het ontvangstgebouw afgebroken en vervangen door een hooggelegen winkelcentrum genaamd Hoog Catherijne (in de volksmond beter bekend als Hoog Chagrijn, groot verdriet). Vele reizigers hadden moeite om de loketten te vinden. Wie kon in vredesnaam zoiets bedenken? Kwam de architect van een andere planeet? Het kantoorgebouw van de Nederlandse Spoorwegen, dat vlakbij het treinstation staat en de inktpot wordt genoemd, geeft voeding aan dit vermoeden - de architect heeft een UFO op het dak geplaatst.

Het nieuwe station, dat nogal onpopulair was bij spoorwegliefhebbers, werd in 2014 weer ingrijpend verbouwd. Maar een nieuw ontvangstgebouw zat er niet meer in. Wel werd de gracht van de Catherijnesingel, die in de jaren zeventig was gedempt in 2020 weer heropend. In het water spartelde een blauwe plastic walvis. Het beest, een kunstwerk, is inmiddels naar Singapore en later naar Shanghai gezwommen. In de miniatuurstad Madurodam, waar de belangrijkste gebouwen van Nederland op miniatuurschaal zijn nagebouwd, is een maquette van het nieuwe treinstation te zien.

Utrecht Maliebaan – het Spoorwegmuseum

Waar de sterke verkeersgroei op het station Utrecht Centraal heeft geleid tot talrijke verbouwingen en het anonieme uiterlijk, is station Maliebaan in Utrecht dankzij het beperkte aanbod van reizigers in al zijn schoonheid behouden. Het station, gebouwd in 1874, werd al in 1939 gesloten voor passagiersverkeer. In 1954 werd in het station het Nederlands Spoorwegmuseum gevestigd. Toen begin jaren zeventig het oude Staatsspoor station van Den Haag werd gesloopt, is de koninklijke wachtkamer verscheept naar Utrecht en

13

herbouwd in het station Maliebaan. Sinds 2005 stoppen er weer treinen op station Maliebaan, zodat bezoekers van het museum er weer met de trein kunnen komen zoals het hoort.

Station Maliebaan

Utrecht Overvecht en de glijbaan

Station Utrecht Overvecht is sinds 2011 het enige in Europa (en wereldwijd) dat bereikbaar is via een glijbaan. In plaats van een trap af te gaan, kun je naar beneden glijden naar de toegang tot de perrons. Daarmee wordt een tijdwinst van maar liefst vier seconden geboekt. In de praktijk maken echter meer kinderen dan pendelaars ervan gebruik. De spoorwegbeheerder ProRail was aanvankelijk niet gecharmeerd van het idee, maar toen men de naam 'transferversneller" voorstelde, werd men alsnog enthousiast. Het idee heeft inmiddels navolging gekregen op de luchthaven Changhi van Singapore.

Glijbaan en station Overvecht

Vleuten en de slimme burgemeester

14

Vleuten is een klein treinstation ten westen van Utrecht op de route naar Den Haag. In 1930 zou het station moeten worden gesloten vanwege te weinig aanbod van reizigers. Dit bracht de sluwe burgemeester Verder op het idee om werklozen de hele dag met de trein van Vleuten naar Utrecht en terug te laten reizen om het aantal passagiers te doen stijgen en daarmee de sluiting te voorkomen.

Het bewuste station werd uiteindelijk in 2007 alsnog gesloten, maar omdat er ter vervanging op de nieuwe hooggelegen sporen een modern station werd geopend maalde niemand daarom.

Den Haag Centraal en de Sjoelbak

Station Den Haag Centraal, geopend in 1973 op de plek van het voormalige den Haag Staatsspoor uit 1870, is een sobere betonnen kolos met sombere lintvensters. Het wordt beschouwd als een van de lelijkste treinstations van het land. Het is het enige grote kopstation van het land en heeft de bijnaam de Sjoelbak. Sjoelen is een Nederlands spel waarbij houten schijven in vier gaten moeten worden gemikt. De abrupt eindigende sporen doen de Nederlanders denken aan een houten sjoelbak. Het station kent overigens twee mysterieuze sporen, die al vier jaar niet meer gebruikt worden. Naar verluidt zouden hier incidenteel treinen naar Zweinstein vertrekken.

Den Haag Holland Spoor met de oudste overkapping

Den Haag heeft twee hoofdstations, waarvan Hollands Spoor het oudste is. Het station werd geopend in 1843 toen de lijn van Amsterdam naar Leiden werd doorgetrokken naar den Haag. In 1847 werd de lijn verlengd naar Rotterdam. Het huidige gebouw in neorenaissancestijl uit 1891 is een schepping van architect Dirk Margadant. Veel Hagenezen (inwoners van den Haag die er geboren zijn uitgezonderd Scheveningers) en Hagenaars (inwoners die elders geboren zijn) kunnen de architectuur van dit station beter waarderen dan die van Den Haag Centraal. Het station beschikt ook over een koninklijke wachtkamer, die niet meer in gebruik is. Vanaf 1908 was Rotterdam ook bereikbaar via het alternatieve tracé van de Hofpleinlijn, de eerste geëlektrificeerde spoorlijn van Nederland. Ook liep er een lijn naar Scheveningen. Deze inmiddels opgeheven lijnen hadden eigen overkappingen die later weer gesloopt zijn. Er is ook een hele bijzondere overkapping aan de voorzijde van het station. Deze kap werd oorspronkelijk gebouwd in 1862 en maakte deel uit van het vroegere station van de Hollandse IJzeren Spoorweg Maatschappij (HIJSM). Het is daarmee de oudste nog bestaande stationsoverkapping in Nederland. Hij is bijna 100 meter lang en is evenals de rest van Hollands Spoor een Rijksmonument.

Den Haag HS

Onder deze overkapping bevond zich vroeger het vertrekpunt van de legendarische tram 11 naar Scheveningen. Deze tram had geen keerlus en de zittingen moesten aldaar omgeklapt worden door de conducteur. Als kleine jongen hielp de tweede auteur van dit boek graag een handje als hulpconducteur. De overkapping doet tegenwoordig dienst als fietsenstalling.

16

Het betreurde station van Scheveningen

Scheveningen, een vissers- en badplaats bij den Haag had ooit één van de mooiste stations van Nederland. Het kopstation stond midden in de duinen vlak bij het Kurhaus en het circustheater op nog geen 200 meter van het strand. Het was vanuit architectonisch oogpunt gecompliceerd bouwwerk met twee vleugels die met een hoek van 45 graden op het hoofdgebouw stonden. In 1943 werd het door de Duitsers gesloten omdat het middenin de Atlantikwall lag. Na de oorlog werd het weer heropend, maar in 1953 definitief gesloten en afgebroken. Tegenwoordig heeft men hier spijt van omdat Scheveningen op drukke dagen moeilijk bereikbaar is. Men heeft onlangs een parkeertarief van 10€ per uur voorgesteld. Er zijn nog altijd bouwpaketten van dit architectonisch hoogstandje te koop op internet.

Scheveningen station (afbeelding: Wikipedia)

Het nieuwe ondergrondse station van Delft.

De spoorlijn liep tot 2015 over een viaduct dwars door Delft. In 2015 is deze vervangen door een ondergrondse tunnel. Deze werd de Willem van Oranje tunnel genoemd omdat

Willem van Oranje, de vader des vaderlands, in 1584 vermoord werd in de nabijgelegen Prinsenhof. Er moest er ook een nieuw ondergronds station komen in plaats van het oude, monumentale bovengrondse station uit 1885. Dit kreeg na een verbouwing een commerciële bestemming.

Delft is een echte studentenstad en wordt om die reden ook wel kennisstad Delft genoemd. Nederlandse studenten verplaatsen zich doorgaans per fiets en daarom heeft het nieuwe station ook een ondergrondse fietsenstalling met meer dan 10.000 plaatsen. De muren van het nieuwe stationsgebouw zijn bekleed met gebroken tegels in een hedendaagse variant op Delfts blauw. Met de Technische Universiteit van Delft is afgesproken dat de nog niet gebruikte tweede tunnelbuis voorlopig benut zal worden voor wetenschappelijke experimenten.

Zaandam en de gestapelde huizen

Zaandam behoort tot de agglomeratie Amsterdam en is in veel opzichten al trendsetter geweest. De Zaanstreek, het waterrijke gebied rond de stad, was een van de vroegst

geïndustrialiseerde gebieden van Europa. Duizenden windmolens voorzagen de maakindustrie van energie. De Russische tsaar Peter de Grote studeerde scheepsbouw in Zaandam. Het centrum van Sint-Petersburg is dan ook sterk geïnspireerd op de Amsterdamse architectuur,
In 1971 opende Europa's eerste McDonalds in Zaandam. Tegenwoordig pronkt Zaandam met een treinstation dat tot de architectonische avant-garde behoort. De typische bouwstijl van de regio met groen geverfde houten gevels is de inspiratiebron van een hotelgebouw waarbij 70 traditionele huizen schijnbaar achteloos opeengestapeld worden. Ook het stationsgebouw zelf is uitgevoerd in een speelgoedstijl die goed past bij de omgeving.

Zaandam en omgeving

Gouda, stad van kaas, pijpen en stroopwafels

De Nederlandse stad Gouda is een belangrijk spoorwegknooppunt en staat van oudsher bekend om kaas, en pijpen en de beroemde Goudse stroopwafels. Tijdens de Tweede Wereldoorlog werd het station zwaar gebombardeerd waarbij het stationsgebouw werd vernietigd. Op de perrons zijn hier nog foto's van te zien. Het huidige stationsgebouw werd geopend in 1984 naar een ontwerp van architect M.W. Markenhof. Onder de verschillende tongewelven van het station is een serie beelden te zien van de beeldhouwer Jo Uiterwaal, maar geen enkel heeft betrekking op de spoorwegen. Wel is er een beeld van een kaasdrager. In 1984 is er tevens een tableau van een pijproker geplaatst boven de ingang van de tunnel. Het station en de omgeving krijgen momenteel een grote opknapbeurt waarbij het aantal toiletten wordt verdubbeld van 1 naar 2.

1.2 De overige provincies van Nederland

's-Hertogenbosch en de Bossche bollen.

's-Hertogenbosch had ooit net zo'n schitterend treinstation als Amsterdam. Op zich niet zo verbazingwekkend, want de architect Pierre Cuypers had beide stationsgebouwen ontworpen. Maar in de Tweede Wereldoorlog was het station zo zwaar beschadigd dat het in een moderne stijl werd herbouwd. Van het vooroorlogse station bleven slechts twee historische overdekte perrons van 450 m lang behouden. Ze zijn getuigen van een van de grootste verliezen in de spoorwegarchitectuur ten gevolge van de oorlog.

Tegenover het station kan men Bossche bollen kopen. Een chocolade lekkernij die inmiddels een begrip is in heel Nederland.

Station S-Hertogenbosch

Valkenburg - het oudste station van Nederland

Stationsgebouw Valkenburg, geopend op 23 oktober 1853, is het oudste nog in bedrijf zijnde stationsgebouw van Nederland. Het architectonisch voorbeeld was het paleis van de Nederlandse koning Willem II in Tilburg. Het station is gebouwd van mergelsteen, dat veel in de omgeving

21

voorkomt. De mergelgrotten van Valkenburg zijn nu een toeristische trekpleister.

☞ Vroeger werd de zure bodem van drooggelegde moerasgebieden verbeterd door toevoeging van mergel. Omdat mergel geen meststof is, maar er aanvankelijk onterecht voor werd aangezien, raakte de bodem van de akkers snel uitgeput als de juiste meststof niet werd toegevoegd, wat leidde tot de term 'uitmergelen'.

Hulshorst en de andere verloofde

Toen in 1863 de spoorlijn van Utrecht naar Zwolle werd aangelegd, stonden de plaatselijke grondbezitters in de omgeving van Hulshorst hun grond om niet af op voorwaarde dat de trein daar ten eeuwige tijden zou stoppen. Die eeuwigheid was echter van korte duur, want in strijd met de afspraak werd het station in 1987 gesloten Sindsdien is het in gebruik als woonhuis. Om de sluiting was nogal wat te doen. De beroemde Nederlandse dichter Gerrit Achterberg (1905-1962) stapte hieruit als hij zijn 'andere verloofde' bezocht. In een gedicht dat nu op een bord in de tuin staat, schreef hij over station Hulshorst:

'Waar de spoortrein naar het noorden met een godverlaten knars stilhoudt, niemand uitlaat, niemand inlaat.'

Station Lelystad en de Lelylijn

Nadat delen van de voormalige Zuiderzee waren ingepolderd, werd Flevoland de twaalfde provincie van Nederland. In 1986 werd Lelystad de hoofdstad van de nieuwe provincie (genoemd naar minister Cornelis Lely, die de geestelijk vader was van de Zuiderzeewerken inclusief de afsluitdijk). In 1988 werd het moderne station Lelystad Centrum geopend, dat Lelystad per spoor met Amsterdam verbindt via de

Flevolijn. Het station heeft een eilandperron met twee sporen met een glazen overkapping Buiten de hal was ruimte voor nog een perron met twee sporen. De bijbehorende spoorwegviaducten waren al aangelegd. Men wilde alvast rekening houden meteen latere verlenging van de spoorlijn naar het noorden richting Groningen. Maar deze uitbreiding is pas in december 2012 gerealiseerd als onderdeel van de Hanzelijn naar Zwolle. Er zijn nog altijd plannen voor de aanleg van de Lelylijn die Amsterdam direct met Groningen moet verbinden via Lelystad. Hiermee zou zeker een halfuur tijdwinst kunnen worden behaald en dit zou tevens tot een betere ontsluiting van de Noordelijke provincies moeten leiden.

De gebogen rails van kamp Westerbork

Vanuit het doorgangskamp Westerbork vertrokken in de tweede wereldoorlog de treinen naar de vernietigingskampen in het oosten. Ter nagedachtenis is er een monument dat bestaat uit een stootblok waarvan de balk roodgeverfd is als waarschuwing tegen fascisme en discriminatie. Daarvan beginnen twee spoorstaven die over 97 bielzen lopen. Elke biels verwijst naar één van de joden transporten. Aan het einde lopen de rails omhoog in de lucht als symbool voor twee armen die omhoog reiken als gebaar van wanhoop en verwoesting.

Het monument van Westerbork

23

Nijmegen – het vergissingsbombardement

Behalve in de regio van Rotterdam werden in de Tweede Wereldoorlog slechts enkele Nederlandse treinstations verwoest. Nijmegen is één daarvan. In februari 1944 waren Britse en Amerikaanse bommenwerpers op weg naar Duitsland, maar door slecht weer moesten ze omkeren. Toen ze dachten dat ze zich boven de plaats Goch aan de Neder-Rijn bevonden, lieten ze hun bommenlading vallen. Maar daaronder lag echter in werkelijkheid het stationskwartier van Nijmegen. Bijna 800 mensen kwamen om het leven en ook het station van Nijmegen werd verwoest.

Tilburg en het Kroepoekdak

Het treinstation van Tilburg is eveneens in de Tweede Wereldoorlog verwoest. Een opvallende klokkentoren bij het treinstation herinnert aan de gevallenen van de oorlog, Vanwege de vormgeving wordt deze in de Tilburgse volksmond 'de wasknijper' genoemd. Ook het opvallende zigzagvormige dak van het in 1965 geopende stationsgebouw kreeg een bijnaam. Het wordt door de Tilburgers het 'Kroepoekdak' genoemd. De aanleg ging niet van een leien dakje. Oorspronkelijk zou het geheel uit hout bestaan, maar dit was niet stevig genoeg. Toen is het alsnog deels met staal geconstrueerd. Inmiddels is het een officieel monument. De Tilburgse rechtenstudent en zanger Guus Meeuwis had in 1996 een grote hit met een liedje dat een treinreis naar zijn geliefde beschrijft. Het refrein is een schitterende onomatopee:

kedeng kedeng kedeng kedeng kedeng kedeng
kedeng kedeng kedeng kedeng kedeng kedeng oe oe

Breda geeft zijn visitekaartje af

De stad Breda, gelegen in de provincie Brabant in het zuiden van het land, was lange tijd een vestingstad vanwege de nabijheid van de grens. De *vestingwet* was in de vroege dagen van het spoorwegtijdperk nog van kracht en volgens deze moesten stationsgebouwen van een vestingstad in geval van oorlog snel kunnen worden ontmanteld. Daarom moest Breda het in 1855 met een bescheiden houten station stellen. Een nieuw gebouw dat in 1863 werd opgetrokken, was eveneens van hout. Het bescheiden treinstation werd ironisch genoeg 'Bredaas visitekaartje' genoemd. Toen koningin Wilhelmina in 1894 een bezoek bracht aan Breda, schaamden de burgers van de stad zich zo dat ze snel een stenen façade voor het station plaatsten. Maar de Breda naars moesten nog tot 1970 wachten voordat het oude stationsgebouw plaats maakte voor moderne architectuur. Het station is in 2014 verder gemoderniseerd en uitgebreid met een aansluiting op de hogesnelheidslijn naar Brussel en Parijs.

Eindhoven - het treinstation als Philips radio

Eindhoven wordt ook wel de lichtstad genoemd. In 1891 stichtte Gerhard Philips, overigens familie van Karl Marx, hier een gloeilampenfabriek waaruit later het internationale technologieconcern Philips ontstond. De commerciële aanleg van Gerhards broer Anton Philips (1874-1951) speelde daarbij een grote rol. Hij wordt beschouwd als een van de grootste Nederlanders aller tijden. Voor het treinstation van Eindhoven staat een bronzen beeld van deze pionier. De industriestad Eindhoven (naast Philips was ook de autofabrikant DAF hier gevestigd) moest in de Tweede Wereldoorlog produceren voor de Duitse oorlogsmachinerie en werd daarom door de geallieerden platgebombardeerd.

25

Philips wist overigens de levens van honderden joden te redden, door ze als onmisbaar te kwalificeren voor het productieproces. Na de oorlog moest het verwoeste stationsgebouw worden herbouwd. Als eerbetoon aan het belangrijkste bedrijf van de stad is de gevel ontworpen naar het model van een Philips-radio uit de jaren 50. Je moet de stationsklok zien als instelknop, de station toren als antenne en de balkongevel als de luidspreker. Tegenover het station ligt ook het stadion van de bekende voetbalvereniging PSV (Philips Sport Vereniging). Vanwege het grote aantal technologiebedrijven staat de regio Eindhoven tegenwoordig beter bekend als 'Brainport Eindhoven'. Dit siert ook de shirts van PSV.

Boxtel – automatisch op de koffie

Boxtel is een klein treinstation in het zuiden van Nederland. Toen het aantal sporen op de lijn naar Eindhoven verdubbelde van twee naar vier, werd het oude stationsgebouw gesloopt en vervangen door een kleiner, modern gebouw. Dat ging echter ten koste van de dienstverlening. De volgende anekdote doet daarover de ronde. Een klant komt bij het loket en zegt: 'Eén Koffie alstublieft'. De spoorwegmedewerker antwoordt: 'Nou, bij mij kun je geen koffie krijgen, die is alleen bij de automaat verkrijgbaar'. De klant denkt even na en antwoordt dan 'Doe in dat geval maar een kop thee '.

De sextant van Leerdam - Cees Douma

Als je door Nederland reist, heb je het gevoel vrijwel identieke treinstations in kleinere steden te zien. De Nederlandse architect Cees Douma die in dienst was van de spoorwegen, was hiervoor verantwoordelijk. Hij ontwierp 39 Nederlandse treinstations in sobere stijl, waaronder het standaardmodel de sextant. Er zijn 16 stations van dit type station gebouwd. Door renovatie en sloop blijven er echter steeds minder over. In 1987 ontwierp Douma zijn laatste station in Leerdam. In 1995 ging hij met pensioen.

Echt-Susteren en de grens

Het treinstation in de wijk Susteren van de Nederlandse stad Echt ligt zo dicht bij de Duitse grens dat je vandaar gemakkelijk naar het land van dichters en denkers kunt lopen. Dit is zeker de moeite waard omdat dit meest westelijke punt van Duitsland betreft, dat overigens niet met de trein bereikbaar is vanaf de Duitse kant. Weinigen weten dat dit meest westelijke deel van Duitsland, dat tot de gemeente Selfkant behoort, na de Tweede Wereldoorlog door Nederland werd geannexeerd als vorm van schadevergoeding. Het Nederlandse grondgebied tussen Duitsland en België is hier een smalle flessenhals en de Nederlanders hadden deze graag wat verbreed. Pas sinds 1963 hoort het weer bij Duitsland.

☞ In 1999 werd de Zipfelbund opgericht. Deze heeft vier leden: List op het eiland Sylt, als de meest noordelijke Duitse gemeente, Görlitz als de meest oostelijke, Oberstdorf als de meest zuidelijke en Selfkant als de meest westelijke.

De kathedraal van het gevleugelde wiel van Groningen

Het Groninger stationsgebouw, gebouwd in 1896 door de Amsterdamse architect Isaac Gosschalk, is een van de mooiste stationsgebouwen van Nederland. Bij de restauratie van het station in 1999 is het verlaagde plafond dat in de jaren zestig aan de stationshal was aangebracht, weer verwijderd. Het originele sierplafond van papier collé (stucwerk van in

27

mallen geperst papier) met zijn ronde lichtkoepel werd weer in volle glorie hersteld.

Vanwege de plechtige architectuur en de waaier van gebrandschilderd glas op de gevel staat het station van Groningen in Nederland ook wel bekend als de Kathedraal van het gevleugelde wiel). Een ander markant kunstwerk op het stationsplein betreft een sculptuur van een wit paard van de beeldhouwer Jan de Baat genaamd 'Het Peerd van Ome Loeks'. Dit is een figuur uit een van origine Duits studentenliedje en staat symbool voor Groningen.

Plafond van het station Groningen

Assen en de stationshond Mannes

Het eerste station van Assen (Drenthe) werd geopend in 1870. In 1988 werd een nieuw stationsgebouw geopend in een soort postmoderne stijl. De vier kleine spitse torentjes op de hoeken van het gebouw deden de reizigers denken aan het Midden-Oosten, vandaar de bijnaam moskee. Naar verloop van tijd wilde Assen een meer representatieve entree van de stad. De opdracht voor het nieuwe ontwerp van het station werd in 2015 toegewezen aan Powerhouse Company en De Zwarte Hond. Het nieuwe stationsgebouw met een spectaculair driehoekig houten dak werd in 2020 geopend. Op het stationsplein is op 4 oktober 2018, Werelddierendag, een 6 meter hoge houten hond genaamd "Mannes" geplaatst. Deze was ontworpen door beeldend kunstenaar Q.S. Serafijn; kosten van het beeld: 500 000 euro. Hoewel het bedrijf de Zwarte Hond het station mede heeft ontworpen is de hond eerder donkerbruin. Het standbeeld van Mannes is interactief. Wanneer de sensoren in het beeld kinderstemmen waarnemen, komt er een fijne waternevel vrij. Vanwege vandalisme moest het beeld eind 2020 worden opgeknapt en werd het in augustus 2021 weer teruggeplaatst op het plein.

De kunstenaar was niet zo blij met de opknapbeurt en noemde het `rampzalig`. Sommige inwoners zijn daarentegen nogal ongelukkig met het feit dat de kont van de hond naar het centrum van de stad is gericht. Anderen hadden liever een beeld gezien van de Drentse kinderheld Bartje, die niet voor een karige maaltijd van bruine bonen wilde bidden.

29

1.3 België-Brusselse regio

Brussel-Centraal – het postume meesterwerk van Horta

Al voor de oorlog waren er plannen om de twee kopstations in Brussel, het Noord- en Zuidstation, met een tunnel te verbinden en in het midden een centraal station aan te leggen. Art Nouveau-architect Victor Horta kreeg de opdracht om een stationsgebouw te ontwerpen. Het project liep echter vertraging op door de Tweede Wereldoorlog en het station werd pas in 1949, na de dood van Horta, in gebruik genomen. Vandaag (meting 2019) zijn deze drie Brussels stations de drukste van het land met ieder ongeveer 60.000 reizigers per dag gevolgd door Gent-S.P. (55.000) en Antwerpen (40.000). Omdat Brussel-Centraal maar 3 perrons heeft en het reizigersverkeer nog steeds toeneemt, zijn deze verlengd en zijn er meer roltrappen en trappen gemaakt om de enorme stromen mensen te kunnen verwerken. De ontvangsthal telt 9 verticale lintvensters met vlaggenstandaards, die de toenmalige 9 Belgische provincies representeren (met de verdeling van Brabant in een Waals en een Vlaams deel zijn het er inmiddels 10). Voor de Wereldtentoonstelling van 1958 werd het centraal station verbonden met de luchthaven van Zaventem en kon je zelfs direct inchecken bij de Sabena-terminal. Sinds 2012 is deze spoorlijn doorgetrokken naar Mechelen. Slechts weinigen weten dat Brussel Centraal over een Koninklijke Loge beschikt die vroeger als wachtkamer diende voor de Koninklijke familie. Deze wordt tegenwoordig nauwelijks meer gebruikt.

Brussel Centraal

30

Brussel-Luxemburg en Hergé

Het treinstation Brussel-Luxemburg ligt zo dicht bij de Brusselse vestiging van het Europees Parlement dat de sporen overdekt werden gemaakt om een directe toegang tot het Parlement mogelijk te maken. Treinen rijden vanaf dit station via Luxemburg, waar het secretariaat van het Parlement is gevestigd, naar Straatsburg, de belangrijkste zetel van het Parlement. Het voormalige bovengrondse stationsgebouw doet nu dienst als informatiecentrum van het Parlement. Ter vervanging van het dit stationsgebouw is een nieuwe toegang gemaakt. Deze werd in het begin van 2009 in gebruik genomen.

Aan de muur van de ingang is een fresco aangebracht. Het betreft een reproductie van een tekening van de wereldberoemde Belgische striptekenaar Hergé (1907-1983), de schepper van Kuifje. Hij maakte deze ooit voor een reclamecampagne voor het warenhuis Innovation. De tekening geeft een tijdsbeeld weer van de jaren dertig met een locomotief omringd door een menigte die het 'bonte volkje van Brussel' voorstelt met notabelen, een fanfare, verslaggevers en uitgelaten kinderen, waaronder de kwajongens Kwik en Flupke, een andere creatie van Hergé. Hergé's handtekening staat naast de afbeelding. Deze 'tag' wordt ook gerespecteerd door graffitikunstenaars, die de afbeelding ongemoeid laten.

Brussel Luxemburg tekening van Hergé

31

Hergé werd geboren in Etterbeek, een gemeente die grenst aan het Luxemburg treinstation (het Brusselse gewest bestaat uit 19 gemeenten). De volgende halte in de richting van Luxemburg is dan ook station Etterbeek.

Het diabolo Station Brussel Airport-Zaventem.

Omdat het dicht bij de spoorlijn tussen Brussel en Luik lag en vanwege de geplande wereldtentoonstelling in 1958, was Brussel de eerste luchthaven ter wereld met een rechtstreekse spoorwegaansluiting. Al in mei 1955 opende de nog jonge koning Boudewijn het luchthavenstation. Er was ook een helikopterpendeldienst van de luchthaven naar de stad. Oorspronkelijk vertrokken de treinen naar de luchthaven vanaf een speciaal perron van het Centraal Station. Later reden de treinen echter verder tot het Zuidstation, waar sinds de jaren negentig de hogesnelheidstreinen naar Londen en Parijs vertrekken. Toen eind 1994 een nieuwe terminal in gebruik werd genomen, moest de luchthavenroute worden verlengd en werd in 1998 een nieuw treinstation onder de luchthaven geopend.

In december 2005 werd een verbinding lus aangelegd naar de spoorlijn richting Luik, sindsdien is het mogelijk om rechtstreeks de trein van Leuven naar de luchthaven te nemen. In juni 2012 werd de aansluiting op de route naar Antwerpen toegevoegd. Dit project heette Diabolo omdat de spoorlijn met de vier aansluitingsbogen met een beetje fantasie de vorm van dit jongleurs instrument heeft.

☞ De luchthaven in de Brusselse voorstad Zaventem heette een paar jaar geleden nog Brussel Nationaal/ Bruxelles-National, wat sommigen in de war bracht omdat het wel degelijk een internationale luchthaven was. De locatie in Zaventem is gekozen door de Duitse bezetters die de eerste landingsbanen aanlegden tijdens de Tweede Wereldoorlog De eerste landingsplaats voor Zeppelins bij Haren, nu het

NAVO-hoofdkwartier, werd tijdens de Eerste Wereldoorlog overigens ook door de Duitsers aangelegd. Zelfs vandaag de dag doet het grapje nog de ronde hoe deze locatie tot stand is gekomen. Toen de Duitsers aan de lokale bevolking vroegen wat een goede locatie zou zijn om een vliegveld aan te leggen, wezen ze richting Zaventem omdat het daar vaak mistig was.

Brussel Jazz Station

Er is een jazzclub genaamd Jazz Station in de gemeente Sint-Joost-ten-Node van Brussel. De naam is niet vergezocht, want de jazzclub is gevestigd in een voormalig treinstation uit 1885. De treinen van de lijn die de Europawijk verbindt met het Noordstation rijden nog steeds onder het Jazz Station door. De trappen leiden nog naar de ondergelegen sporen, maar je kunt niet meer op de restanten van het met gras overwoekerde perron komen. Bij een aantal winkels in de buurt van het Jazz station zijn de rolluiken beschilderd met afbeeldingen van beroemde Jazzmusici.

Brussel voormalig treinstation Sint-Joost

33

Brussel-Watermaal en Paul Delvaux

België heeft verschillende grote surrealistische schilders voortgebracht, waaronder René Magritte en Paul Delvaux (1897-1994). Karakteristiek voor het werk van Delvaux zijn vaak bleke, schaars geklede vrouwen op de voorgrond. Op de achtergrond worden vaak spoorwegtaferelen weergegeven. Het treinstation van de Brusselse gemeente Watermaal staat op een aantal schilderijen afgebeeld. Delvaux woonde lange tijd vlakbij dit treinstation. In 1906 werd op dit station de eerste openbare telefoon van België geplaatst. Aan de straatkant heeft men zwarte lantaarnpalen geplaatst met een knipoog naar Delvaux.

Brussel Schaarbeek en de wagon op het dak

Het station van de Brusselse gemeente Schaarbeek, gebouwd in 1913 in Vlaamse neo-renaissancestijl, verbouwd tot een spoorwegmuseum genaamd *Train World*. Het museum zou oorspronkelijk in 2010 openen ter gelegenheid van de 175ste verjaardag van de Belgische spoorwegen. Uiteindelijk is het Museum pas in 2015 door Koning Filip geopend. De inrichting is verzorgd door de Belgische tekenaar François Schuiten. Recent was er een tentoonstelling over Paul Delvaux getiteld: "De man die van treinen hield".

☞ Niet ver van het treinstation is een hostel gebouwd geheel in de stijl van het Belgische surrealisme die treinliefhebbers zal aanspreken. In oktober 2013 werden op het dak van het treinhostel twee slaaprijtuigen geplaatst. Je kunt nu overnachten in een slaapcoupé met uitzicht over de daken van Brussel.

Schaarbeek - de slaapwagens op het dak van het hostel

Het spookstation van Leopold II
Onder het Koninklijk paleis van laken bevindt zich een onvoltooid ondergronds station dat ooit ontsproten is aan de grootheidswaanzin van Koning Leopold II. De koning wilde van het Kasteel een internationale ontmoetingsplaats maken van vorsten en wetenschappers. Ze zouden het kasteel per elektrische trein kunnen bereiken. Een vooruitziende blik omdat men toen nog in het stoomtijdperk verkeerde.

35

1.4 Vlaanderen

Antwerpen - de spoorwegkathedraal

Aan het einde van de 19e eeuw was de rijkdom aan grondstoffen in Belgisch Congo, waarvan de inwoners schandalig werden uitgebuit, een ware goudmijn voor de schatkist van de Belgische koning Leopold II. In Brussel liet hij lanen en triomfbogen bouwen en in Antwerpen liet hij een monumentaal kopstation verrijzen. Hij beval zijn architect het centraal station van Luzern als voorbeeld aan. De koning was onder de indruk van de imposant hoge koepel. Een ander voorbeeld voor het treinstation, dat in 1905 werd geopend, was het Pantheon in Rome. Vanwege zijn architectuur kreeg het de bijnaam "de spoorwegkathedraal". De Britse schrijver G.K. Chesterton schreef ooit over de gelijkenis van treinstations en kerkgebouwen:

"You will find in a railway station much of the quietude and consolation of a cathedral. It has many of the characteristics of a grand ecclesiastical building; it has vast arches, void spaces, coloured lights, and above all, it has recurrence of ritual. It is dedicated to the celebration of water and fire, the two prime elements of human ceremonial. "

Toen het station in 1905 werd geopend, was koning Leopold teleurgesteld over de omvang en zei 'Dit is een leuk klein stationnetje'. Vroeger stond er nog een standbeeld van de koning voor het station. De Antwerpse bevolking was echter niet erg koningsgezind. Er werd dan ook regelmatig gegrapt dat Antwerpen er nog 'ne kemel' bij had. Naast de ingang van de aangrenzende dierentuin stond namelijk een bronzen kameel. Het indrukwekkende treinstation diende later als decor voor een aantal films, waarvan sommige het Brusselse treinstation moesten voorstellen. Zo deden acteurs als Yves Montand, Michel Piccoli en Charlotte Rampling het station aan.

Antwerpen en de ingrijpende renovatie

Het station van Antwerpen werd niet verwoest in de Tweede Wereldoorlog, maar in de jaren 1950 begon de kalkhoudende Vinalmont-steen van de stationskoepel poreus te worden. In 1953 vielen de eerste stenen van de top van de koepel op het dak van het station. In 1957 liep een passagier een schedelbreuk op toen hij werd geraakt door een vallende steen. Loszittende stenen zijn inmiddels weer verankerd en de koepelstenen zijn met voegmiddel vastgezet. Toch waren er plannen om het station in de jaren zestig te slopen. In de jaren zeventig bedacht men zich en kwam het station in 1975 alsnog onder monumentenzorg. In 1993 werd begonnen met de renovatie en verbouwing tot een doorgangsstation met ondergrondse sporen. In september 2009 werd het nieuwe station officieel geopend. Het nieuwe station heeft 4 verdiepingen, die zijn verbonden met 48 roltrappen en 40 liften. Bij dit alles kreeg de beveiliging de hoogste prioriteit, er zijn 275 brandmelders en 23 waterpompen in het treinstation. Er zijn 199 bewakingscamera's in de openbare ruimte van het station en nog eens 90 in de tunnels. Heeft dit wellicht ook geholpen om een kaketoe te vangen die in augustus 2009 ontsnapte uit de voornoemde Antwerpse Zoo? De kaketoe nestelde zich in de ijzeren structuur van het dak van de stationshal en kon alleen met behulp van voedsel terug in een vogelkooi worden gelokt.

Buitenaanzicht van Antwerpen CS

Mechelen en het twintigste treinkonvooi

Op 5 mei 1835 (een half jaar voor de opening van Neurenberg-Fürth, de eerste spoorlijn in Duitsland) arriveerde de eerste reigerstrein op het Europese vasteland in Mechelen. Ook Koning Leopold I was van de partij. Hij was incognito opgestapt in Vilvoorde vanwege veiligheidsoverwegingen. In die tijd bestond er namelijk nog heel wat weerstand tegen het nieuwe vervoermiddel. Mechelen ontwikkelde zich vanwege de centrale ligging tot middelpunt van het Belgische spoorwegnet. Dit wordt aangegeven door de *Mijlpaal* die vlak voor het station midden op een rotonde staat. Het prachtige stationsgebouw uit 1888 met zijn imposante hal, die nog groter was dan die van het station van Antwerpen, werd 1958-1960 afgebroken en vervangen werd door een nietszeggend nieuwbouwexemplaar dat geïnspireerd was op de architectuur van de Wereldtentoonstelling van 1958 in Brussel. Dit station wordt momenteel afgebroken en vervangen door een tijdelijk stationsgebouw. In 2027 moet een geheel nieuw station verrijzen. In 1943 vertrok het twintigste treinkonvooi vanuit Mechelen met 1631 Joden die weggevoerd werden naar Auschwitz. Drie dappere jonge Belgen brachten de trein kort na vertrek tot stoppen. Er konden 231 gedeporteerden ontsnappen, waarvan de helft definitief uit handen van de Duitsers kon blijven. Het was de grootste verzetsdaad om Joden uit een trein naar Auschwitz te redden.

De Mijlpaal van Mechelen herin
aan de aankomstplaats van de ee
reizigerstrein op het Euroₚ
vasteland

Tienen- het oudste nog Belgische stationsgebouw?

Tienen heeft een historisch station dat er enigszins verwaarloosd uitziet. Wat het station echter interessant maakt, is een gevelsteen met hoogteaanduiding (59 m boven de zeespiegel ligt) en een jaartal. Op de steen staat het jaartal 1840 vermeld, wat betekent dat Tienen het oudste nog in gebruik zijnde stationsgebouw van België en misschien wel van het Europese vasteland is.

Mechelen-Nekkerspoel en het surrealisme

In 1997 werd het ontvangstgebouw van het treinstation Mechelen-Nekkerspoel verkocht aan een mediabedrijf. De nieuwe eigenaar sierde vervolgens het bakstenen gebouw uit 1903 op met een poster met de tekst 'Ceci n'est pas une gare' (dit is geen treinstation). Deze spreuk is geïnspireerd op een schilderij van de Belgische surrealist René Magritte (1898-1962) met daarop een tabakspijp en de inscriptie 'Ceci n'est pas une pipe' (dit is geen pijp). In 2009 kocht de spoorwegmaatschappij het stationsgebouw terug. Nu zou de tekst dus eigenlijk 'Ceci n'est pas un bureau' moeten luiden.

Halle (Vlaanderen) - wachten op wederopbouw

In 1995 moest het bakstenen treinstation in het neo-Vlaamse Renaissancestijl van de stad Halle ten zuiden van Brussel

39

wijken voor de hogesnelheidslijn. Het gebouw zou zorgvuldig worden afgebroken en elders worden herbouwd. Het zou dan later voor culturele doeleinden worden gebruikt. Maar bezorgde burgers kwamen erachter dat de onderdelen van het gebouw, in plaats van zorgvuldig te zijn opgeslagen, achteloos op een weide aan de rand van een vuilnisbelt waren gedumpt. Een zelfde lot dat al eerder het gesloopte Volkshuis van Brussel, het meesterwerk van de Art Nouveau van de architect Victor Horta was beschoren.

Het omgekeerde treinstation van Ronse

In 1844 werd in het Vlaamse Brugge een van de eerste stationsgebouwen op het Europese vasteland geopend. Maar het treinstation lag te dicht bij het stadscentrum en drie decennia later had het te kampen met ruimtegebrek. Daarom werd besloten om verderop een nieuw station te bouwen. In het stadje Ronse (Frans: Renaix), gelegen op de taalgrens, wilde men ook een nieuw treinstation bouwen, want daar was slechts een bescheiden stationsgebouw. Daarom werd naar goed Belgisch gebruik beslist om het station Brugge steen voor steen af te breken en in Ronse weer op te bouwen. Bij de opening van het stationsgebouw in 1881 werd echter bemerkt dat men een kapitale fout had gemaakt door het station 180 graden om te draaien. De voorgevel met de hoofdingang grensde nu aan de sporen. Uiteindelijk viel de schade mee, want de spoorzijde was vrijwel identiek aan de stadszijde.

Station Ronse

40

Denderleeuw

Op 26 juli 1877 reisde Guido Gezelle (1830-1899), Vlaamse rooms-katholieke priester en vooral vermaard als lyrisch dichter en hekeldichter, van Kortrijk naar Brussel. Op het spoorwegstation van Denderleeuw had hij een oponthoud van een goed half uur. Hij bewees bij die gelegenheid ook de kunst van het sneldichten te beheersen. In die korte tijdspanne heeft hij een van zijn meest aansprekende gedichten *'O Dichtergeest'* geschreven en noteerde er de plaats en datum wonder. Op 16 juni 1977 werd een gedenkplaat met het bewuste gedicht aangebracht in de toegangshal van dat station: geen reiziger betreedt of verlaat de stationshal zonder voorbij die plaat te stappen. De Nederlandse hippie dichter Simon Vinkenoog heeft dit memorabele feit later nog eens onder de aandacht gebracht. Oorspronkelijk was Gezelle vooral populair in West-Vlaanderen. Later werd hij ook in brede kring zeer geliefd in Nederland. De co-auteur van dit boek moest het beroemde gedicht 't Schrijverke' zelfs nog uit het hoofd declameren op een protestantse school.

De scheve toren van Gent-Sint Pieters

In 1913 vond in Gent de wereldtentoonstelling plaats en bij deze gelegenheid werd in de Sint-Pieterswijk een treinstation gebouwd in een merkwaardige, oriëntaalse fantasiestijl. De ranke klokkentoren van het station ging in de loop van de jaren steeds meer overhellen: in 2006 werd de 'Scheve Toren van Gent' (helling meer dan 30 cm) om veiligheidsredenen definitief ontmanteld en heropgebouwd rond een stabiele kern van gewapend beton, omhuld met de gemetselde originele bakstenen.

Gent St. Pieters en de eens kromme stations toren

De onbekende ramp op het station van Hamont

Hamont is een spoorwegstation in de provincie Limburg, vlakbij de Nederlandse grens. Het werd geopend in 1879 en was een van de grootste stations van Vlaanderen. Het was gelegen aan de IJzeren Rijn, een strategisch belangrijke spoorlijn die Antwerpen verbond met het Ruhrgebied. De IJzeren Rijn gaf aansluiting op de Red Star lijn in Antwerpen die de grote passagiersschepen naar Amerika exploiteerde. Honderdduizenden migranten die voornamelijk uit Duitsland en Oost-Europa kwamen, maakten hier gebruik van. Ook Albert Einstein reisde langs deze weg naar Amerika.

Het station en de lijn die het met de rest van het net verbond, werden in 1957 gesloten. In 2014 werd het station heropend, met vernieuwde perrons. Een stationsgebouw ontbreekt echter en er is geen historische architectuur in de buurt van het station te vinden. De reden daarvoor is een verschrikkelijke ramp die plaatsvond toen de Eerste Wereldoorlog zo goed als voorbij was. Tijdens de terugtocht van het Duitse leger passeerde een munitietransporttrein dit station. Plotseling ontplofte de munitietrein, vermoedelijk door vuurwerk dat door kinderen was afgestoken. Dit veroorzaakte tevens een explosie van een andere munitietrein. De ontploffing vernielde ook een hospitaaltrein en beschadigde nog twee andere treinen met zwaar gewonde slachtoffers tot gevolg. Instortende huizen rond het station zorgden voor nog meer slachtoffers. Tussen 1000 en 1750 mensen kwamen om, voornamelijk soldaten, en het was daarmee een van de dodelijkste spoorwegongevallen in de geschiedenis. Grote delen van de stad werden verwoest en zelfs in de kerk in het centrum sprongen de ramen. Vandaag kan men meer lezen over de geschiedenis van het station en het ongeluk op fotoborden aan het hek van het perron.

Aalst

De in Aalst geboren schrijver Louis Paul Boon (1912-1979) omschreef Aalst in zijn meesterwerk `De Kapellekensbaan' als "de stad met twee fabrieken, waar het altijd regent, zelfs als de zonne schijnt". Misschien was het verlangen naar de zon de inspiratiebron voor een enorm kunstwerk bestaande uit 5000 keramische tegels op de muur van de nieuwe stationstunnel die in 2019 in Aalst werd geopend. Het betreft een portret van de Stille Oceaan van de kunstenaar Kristof Vinck. Niet alleen alle exotische eilanden zijn erop te vinden, maar ook de plaatsen waar kernproeven zijn gehouden. Zelfs de Trans-Siberische spoorlijn ontbreekt niet. Het stationsgebouw is een ontwerp van Jean-Pierre Cluysenaar die vooral bekend is van de Sint-Hubertusgalerijen in Brussel. De bouwstijl is een soort combinatie van een middeleeuwse burcht en een gotisch stadhuis. Op het stationsplein staat de naam van de stad repeterend gespeld op lange roestvrij stalen banden. (AALSTAALSTAALST..) In deze reeks letters zijn de woorden Aal, Taal en Staal te herkennen. Dat laatste is een hint naar de oude naam van de spoorlijn als "ijzeren weg".

Lichtervelde

Wat Guido Gezelle is voor Denderleeuw, is Jozef Deleu (*1937) voor Lichtervelde, namelijk een dichter wiens gedicht het station siert. Lichtervelde is een spoorwegknooppunt in West-Vlaanderen. Ter gelegenheid van zijn pensionering in 2002 werd het gedicht Lichtervelde van de West-Vlaamse dichter in het station onthuld.

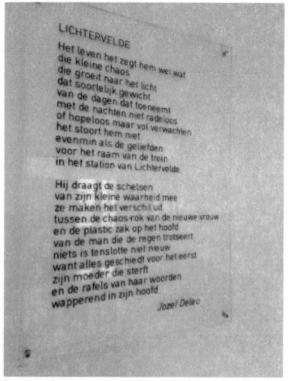

1.5 Wallonië

Luik, het treinstation tussen aanhalingstekens
Luik was één van de eerste steden op het continent met een treinstation. Al in 1842 werd hier het eerste stationsgebouw in gebruik genomen. Voor de Expo van 1958 werd het gebouw vervangen door een modern gebouw in jaren 50-stijl. Dit gebouw werd er met de jaren niet mooier op en zag er in de jaren tachtig al behoorlijk versleten uit. In de jaren negentig werd dan ook besloten om het treinstation te vervangen door een nieuw gebouw niet ver van de oude locatie als onderdeel van de hogesnelheidslijn Brussel-Keulen. De Spaanse architect Santiago Calatrava won de aanbesteding met een gedurfd ontwerp dat onder meer in een enorm stationsdak voorzag (200 m lang, 35 m hoog). De bouw begon in 2000. Maar het werd pas op 18 september 2009, bijna 10 jaar later, in gebruik genomen. Tijdens de lange bouwperiode noemde de bevolking het station, officieel genaamd Luik-Guillemins spottend Liège-Guillemets ('Luik tussen aanhalingstekens'). Er zijn overigens plannen om de naam te veranderen, bijvoorbeeld Liège Europe of Liège Charlemagne.
Het spoor richting Ans is zeer stijl. Sommige treinen hebben moeite om deze helling op eigen kracht te nemen. Daarom is er een zogenaamde opdruklocomotief aanwezig. Dit is een locomotief die de trein aan de achterkant opdrukt om de top van de helling te bereiken.

Liège-Guillemins

45

Verviers en de fabel van der haas en de schildpad

Het monumentale station van Verviers werd pas in 1930 opgeleverd door vertragingen ten gevolge van de Eerste Wereldoorlog, waardoor de architectuur bij de opening niet meer helemaal actueel was. Op de muur van de lokettenhal verwerkte beeldhouwer Joseph Gérard (1873-1946) de Lafontaine-fabel van de haas en de schildpad in een wandsculptuur, als allegorie met het reizen per trein.

☞ In de Duitse rampenfilm 'Die Wolke'' (2006) komt een massascène op een station voor waarbij een mensenmenigte in paniek moest vluchten voor een kernramp. Deze kon niet worden gefilmd worden op een Duits station omdat de Duitse Spoorwegen hiervoor geen toestemming gaven. Men moest noodgedwongen uitwijken naar het treinstation van Verviers.

Binche en het Duitstalige loket

Het Waalse Binche heeft een prachtig treinstation dat in 1905-1910 werd gebouwd in de Brabantse neogotische stijl.

Binche is vooral bekend als een carnavalsbolwerk. De historische Carnavalsoptocht met de bekende 'Gilles' getooid met hoeden met struisvogelveren maakt deel uit van het UNESCO-werelderfgoed. Maar Binche heeft niet alleen het carnaval gemeen met het Duitse Rijnland. Boven de loketten op het treinstation, dat zich in het Franstalige deel van België bevindt, staat in het Duits 'Ticke'. Tegenwoordig weet echter niemand meer waarom.

MONS-SNOW

De bouw van het spectaculaire treinstation van Calatrava in Luik-Guillemins, dat in september 2009 werd voltooid, bracht de vroede vaderen van Bergen (Mons) op het idee om hun niet-representatieve treinstation uit de jaren 50 eveneens te vervangen door een spectaculair nieuw gebouw. De Spaanse architect Calatrava won opnieuw, en net als in Luik schittert het geplande treinstation in het wit. In de zomer van 2013 is het oude treinstation gesloopt. Op dat moment waren er ondersteboven hangende stations borden op de perrons te zien. In plaats van MONS kon je nu SNOW lezen, wat bijna een verwijzing leek naar het toekomstige sneeuwwitte treinstation. Het nieuwe station had oorspronkelijk in 2015 in gebruik moeten worden genomen. De bouw is echter nog steeds niet afgerond en de voltooiing is nu voorzien in 2023.De oorspronkelijke kosten van 170 miljoen € zijn inmiddels bijna verdubbeld tot 324 miljoen €.

Mons Calatrava treinstation

Charleroi Sud en het chauvinistische deuntje

De stad Charleroi heeft een dubieuze reputatie in België. Het staat bekend als een vervuilde zware industriestad en een broeinest van criminaliteit. Daarom heeft het de bijnaam 'Chicago on the Sambre'.

De bouw van een ondergronds lightrailsysteem (Métro Léger de Charleroi), die liep in 1996 aanvankelijk vast en het systeem stond lange tijd bekend als een 'grand travail inutile' (een nutteloos megaproject) omdat de veel te grote metrostations nauwelijks gebruikt werden. Gelukkig werd het netwerk in 2012 grondig gereorganiseerd en uitgebreid en zo kwam alles toch nog op zijn pootjes terecht

De inwoners van Charleroi (Carolos) zijn dan ook trots op hun stad. Op de perrons worden de aankondigingen voor-afgegaan door de eerste noten van het populaire volksliedje 'Pays de Charleroi. Het refrein van het liedje gaat als volgt:

Pays de Charleroi, C'est toi que je préfère
Le plus beau coin de terre
(Charleroier-land, jij bent de regio waar ik voor kies
Het mooiste plekje ter wereld).

De rest van België schut dan een beetje meewarig het hoofd.....

Charleroi Sud

48

Marbehan - Maurice Grevisse en Amélie Nothomb

Belgische schoolkinderen die de trein nemen van Marbehan in de Ardennen naar Arlon in het zuiden van België worden op het station herinnerd aan de regels van de Franse grammatica. Een portret van de Belgische grammaticus Maurice Grevisse (1895-1980), geboren in Rulles niet ver van Marbehan, ziet toe op het treinstation van Marbehan. Grevisse is de auteur van 'Le bon usage', een grammaticaboek over de Franse taal, dat nu beschouwd wordt als het standaardwerk over de Franse taal en kortweg aangeduid wordt met 'Le Grevisse'. Bij afwezigheid van een beroemde inwoner verwijst Marbehan naar de beroemde grammaticus uit een naburig dorp. Recent heeft de Belgische schrijfster Amélie Nothomb alsnog in deze lacune voorzien. In haar roman "Luchtschepen" bekent haar alter ego Ange Daulnoy aan haar oudere minnaar dat haar vader stationschef was in Marbehan en dat zij iedere dag met de trein naar het Atheneum in Aarlen ging. De uitstraling van Grevisse heeft haar wellicht geïnspireerd bij haar verdere loopbaan.

Châtelet- de droevige inspiratiebron van Margritte

Een aantal zaken zijn opmerkelijk aan het station van Châtelet, een voorstad van Charleroi. Toen het enorme station in 1911 werd gebouwd, bevond het zich in de industriestad Châtelineau. Aan de kant van het spoor kan men nog steeds Châtelineau lezen op de gevel van het gebouw. In 1977 werd Châtelineau een deel van de stad Châtelet en het station kreeg daarom een andere naam in de dienstregeling. Op het stationsplein staat een kleine boom met een zwart informatiebord ervoor. Hierop staat dat de boom in 2018 door de plaatselijke burgemeester is geplant ter herdenking van de 100e verjaardag van het einde van de eerste wereldoorlog (waarbij Châtelet niet werd verwoest). Wat verder opvalt aan het station is de enorme omvang ervan en dat in dit grote gebouw slechts een klein loket in gebruik is voor dienstverlening aan het publiek. In deze ruimte treft men een schoorsteen en een boekenkast aan, waaruit men boeken kan lenen. De boekenkast is beschilderd met Margritte-motieven. De Belgische surrealistische schilder René Magritte werd in 1898 in Lessines geboren, maar bracht zijn kindertijd en puberteit door in Châtelet, in een huis vlakbij het station. Dit huis staat in de Rue des Gravelles, op slechts een paar meter van de rivier de Samber.

Op een nacht in het jaar 1912 verliet Magrittes moeder het huis om zelfmoord te plegen door in de koude rivier te springen. Volgens de overlevering had de aanblik van het lijk dat de volgende dag werd teruggevonden onder de ogen van haar zoon, met haar gezicht bedekt door een nachtjapon, een sterke invloed op Magritte en zijn latere schildersmotieven.

2. Stations in Noord-Europa

2.1 Zweden

Vassijaure en de kogelgaten

Het station van Vassijaure ligt aan de ertsspoorlijn Kiruna-Narvik, op 7 km van de Noorse grens. Op 20 mei 1940 stond Sven Sjöberg, een jonge Zweedse boswachter, op het perron te wachten op een brief die per trein zou komen. Maar plotseling verscheen er een Duits amfibisch vliegtuig dat op lage hoogte naar het station vloog. Omdat de Duitsers Noorwegen eerder hadden bezet en het station dicht bij de grens lag, waren er kanonnen bij het station geplaatst en was er zelfs een gepantserde trein gestationeerd. Dus werd er op het vliegtuig geschoten. De Duitsers beantwoordden het vuur waarbij Sjöberg werd geraakt. Ernstig gewond, werd hij met de trein naar Kiruna gebracht, maar hij stierf tijdens de reis. De volgende dag kwam de post aan op het station van Vassijaure voor Sjöberg; het betrof toestemming om de dienst te verlaten om zijn ouders te helpen op de boerderij. Toen zijn moeder het nieuws van zijn dood ontving, stortte zij in om nooit meer te herstellen. De kogelgaten van de schietpartij zijn nog steeds te zien op het station en Sjöberg wordt herdacht met een gedenkplaat op het perron.

Kiruna – even opschuiven

De Noord-Zweedse stad Kiruna leeft van de mijnbouw. De ondermijnde ondergrond leidt echter tot verzakkingen en steeds meer schade aan gebouwen. Daarom is besloten om de stad tegen 2022 met 4 km te verplaatsen naar een nabijgelegen veilige helling. Een van de eerste gebouwen dat verplaatst wordt is het station van Kiruna. Er zijn ook andere bezienswaardigheden in het gebied. In de buurt (in Jukkasjärvi) is er een ijshotel dat elke winter opnieuw wordt

51

opgebouwd en de Britse ondernemer Branson wil in de buurt een 'Spaceport' voor ruimtetoeristen bouwen.

Stockholm CS en energieopwekking

Voor het Centraal Station van Stockholm staat een standbeeld, nu eens niet van een koning, maar van de ingenieur Nils Ericson (1802-1870), die zo'n grote rol speelde bij de aanleg van de spoorlijnen in het land dat hij bijna als de 'vader van de Zweedse spoorwegen' kan worden beschouwd. Ericson stierf kort voor de voltooiing van het station in 1871. De gevel van het station is sindsdien nauwelijks veranderd, maar het interieur ziet er vandaag de dag anders uit. De gewelfde hal waarin de stoom-locomotieven uitpuften is nu een wachtkamer geworden en het station is verbouwd van kopstation tot doorgangsstation. Een busstation en het Zweedse World Trade Center grenzen aan het station. Dit gebouw is van begin af aan zo energiezuinig geconstrueerd dat het slechts 15 procent van het energieverbruik van de gemeentelijke nutsbedrijven hoeft in te kopen. Soms wordt er zelfs energie teruggeleverd aan de gemeentelijke stadsverwarming. Dit wordt onder andere mogelijk door middel van een gewelfd, transparant dak, dat energie opvangt maar ook helpt om het gebouw in de zomer te koelen. In de winter wordt er zelfs thermische energie opgewekt met behulp van de 25.000 reizigers die dagelijks het station via het World Trade Center aandoen. Dit bracht de stations exploitant Jernhusen op het idee om iets dergelijks te proberen in het stationsgebied. In het voorjaar van 2008 werd aangekondigd dat men in de toekomst ook de thermische energie die dagelijks door meer dan 200.000 voorbijgangers naar het station wordt gebracht, wil benutten om een 13 verdiepingen tellend kantoorgebouw bij het station te verwarmen. Tot 15 procent van de energie die voor de verwarming van het gebouw wordt gebruikt, wordt op deze manier teruggewonnen.

☞Op de begane grond van het station van Stockholm is er een cirkelvormige opening waardoor men in het lagere distributieniveau kan kijken. Deze opening wordt in de volksmond 'de kwispedoor' genoemd.

Laholm - het kleine huis op de prairie

Toen de spoorlijn Malmö-Göteborg rechtgetrokken werd voor het doorgaande treinverkeer, kreeg Laholm een nieuw station aan de nieuwe lijn. Het stationsgebouw, een klein bakstenen huisje op het perron, was uiterst bescheiden. Omdat het ook 3 km van het centrum van het dorp ligt, kreeg het in de volksmond de bijnaam 'het kleine huis op de prairie', geïnspireerd op een Amerikaanse tv-serie uit de jaren '80.

Malmö en de UFO

In 2000 werd de vaste Øresund-verbinding geopend, die Kopenhagen en Malmö per spoor met elkaar verbindt. Maar op het centraal station van Malmö moeten de treinen omkeren, en van daaruit moeten ze om de stad rijden om bij de brug te komen. Daarom is er een tunnel onder het centrum aangelegd, die van Malmö Centraal een doorgangsstation heeft gemaakt en nog meer stations in de stad heeft. Het belangrijkste nieuwe station (40 000 passagiers per dag) is het ondergrondse station Triangeln, gelegen aan een driehoekig plein. De glazen koepel van de lichtput van het station Triangeln domineert sinds de opening in 2010 het straatbeeld. Vanwege het uiterlijk van het lensvormige dak schreef een lokale krant in maart 2010 "Ufo landde in het midden van Malmö".

2.2 Noorwegen

Oslo - het station van de tijgerstad

Voor het Centraal Station van Oslo staat een bronzen beeld van een tijger. Oslo is de laatste jaren op zoek naar een symbool en tijgers roepen tegenwoordig positieve associaties op. Economisch succesvolle landen worden 'tijgers' genoemd. Zo wordt IJsland wel de 'Arctische tijger' genoemd en Ierland de 'Keltische tijger'. Maar in de 19e eeuw waren de levensomstandigheden er nog zwaar (denk bijvoorbeeld aan de roman 'Honger' van Knut Hamsun, 1890) en werd de stad zo onherbergzaam geacht dat de schrijver Bjørnsterne Bjørnson het in 1870 in een gedicht beschreef als een 'tijgerstad', wat de bijnaam van de stad werd. Oslo behoorde toen overigens nog tot Denemarken en heette Christiania (vanaf 1878 ook Kristiania), en het belangrijkste station was het Ooststation, dat in 1882 werd geopend (gevolgd door het ernaast gelegen moderne Centraal Station in 1980). Pas in 1925 werd de oude naam Oslo weer ingevoerd.

Trondheim en de meest noordelijke synagoge

Trondheim ligt ten noorden van de 63e breedtegraad en deze geografische ligging leidt tot verschillende, deels vermeende records. Met de Grakallenlijn heeft Trondheim de meest noordelijke tramlijn ter wereld. Het voormalige treinstation van Trondheim, gelegen in de wijk Kalvskinnet aan het water, is na de aankoop door de kleine Joodse gemeente in 1925 in gebruik als synagoge en zou de meest noordelijke synagoge ter wereld zou zijn. Maar de meest noordelijke bevindt zich in werkelijkheid in Moermansk. De synagoge van Trondheim bevindt zich in werkelijkheid slechts op de vijfde plaats (maar het is wel de meest noordelijke van Noorwegen). In de Middeleeuwen was Trondheim het belangrijkste bedevaart centrum in Noord-Europa vanwege de heilige koning Olav die in de Trondheimse kathedraal ligt begraven, en werd daarom ook wel beschouwd als het 'Jeruzalem van het Noorden'.

Trondheim en de aardverschuiving

In het jaar 1877 werd in Trondheim op een kunstmatig eiland in de haven een nieuw station gebouwd om een goede verbinding met de scheepvaart te faciliteren. Maar het nieuw aangelegde terrein was niet bijzonder stabiel, en al in april 1888 verzakte de grond. Dit leidde tot een aardverschuiving en er werd 180 meter spoorlijn verzwolgen door de zee. Het station werd drie keer hernoemd, omdat de naam van de stad net zo vaak veranderde. Bij de opening heette de stad Throndhjem, later Trondhjem, toen Nidarors en vanaf 1931, en uiteindelijk Trondheim, zoals het nu nog steeds heet.

Hell freezes over

In Noorwegen is er een station op de lijn van Trondheim naar Bodø, dat Hell heet. De conducteur kondigt de halte ook wel aan met "Next stop Hell" in het Engels. Op het stationsterrein staat een goederenloods met het opschrift "Gods Expedition", wat Engelstalige gelovigen bijzonder zal aanspreken. In de winter is het station vaak bedekt met sneeuw en ijs, wat Engelstaligen dan weer aanleiding geeft om de profane uitdrukking 'Hell freezes over' te gebruiken.

Finse 1222

Een vermeldenswaardige stationsnaam is Finse 1222, dat aan de Noorse Bergense lijn is gelegen. Dit station is 1222,2 meter boven de zeespiegel gelegen en is het hoogste in Noord-Europa. Niet ver van het station is er een hotel dat ook Finse 1222 heet.

2.3 Denemarken

Kopenhagen - het paradijs voor interrailers

In de jaren tachtig, toen veel jongeren nog met een InterRail Pass reisden, was het in 1911 gebouwde hoofdstation van Kopenhagen voor hen een populaire bestemming. Het was het eerste station met een speciaal trefpunt voor Interrailers met kookfaciliteiten, douches en reisinformatie. Maar het station is niet alleen een ontmoetingsplaats voor interrailers: Kopenhagenaars zeggen ook 'mød mig onder uret', 'laten we elkaar ontmoeten onder de stationsklok'.

Høje Taastrup - stad van bogen

Het station in de Kopenhagense voorstad Høje Taastrup werd in 1986 geopend en is een stopplaats voor treinen naar Hamburg. Het boven de sporen gelegen stationsgebouw met drie bogen, is het symbool van de gemeente geworden, en gaf aanleiding tot een woordspeling. Høje Taastrup wordt 'Buernes By' (stad van bogen) genoemd vanwege het station, dat bijna net zo klinkt als Byernes By ('stad van steden'). Aan de zuidkant van het stationscomplex staat 'de toren van Thor', met 26 meter het hoogste beeldhouwwerk van Scandinavië.

Aarhus en het sleutelgat

De Kopenhagenaars beschouwen zichzelf als de enige grootstedelingen van Denemarken. Eén van hun spitsvondigheden is waarom de lange afstandstreinen eigenlijk Intercity heten, omdat er maar één stad in het land is. Kopenhagenaars maken ook graag grappen over de Jutlanders en de bevolking van Aarhus. Eén gaat als volgt: Waarom verwijderen de inwoners van Aarhus de wc-deuren? Zo kan niemand door het sleutelgat kijken. Ga dit maar eens checken op het cen traal station van Aarhus. Het is met 17.000 passagiers per dag, het drukste Deense station buiten Kopenhagen.

Køge Nord en de nieuwe stationsslang

Het station Køge Noord, dat in mei 2019 werd geopend, verbindt de nieuwe hogesnelheidslijn Kopenhagen-Ringsted met de S-Bahn, diverse fietspaden en een snelweg. In steden waar ze niet wars zijn van bijnamen, zoals Rotterdam of Berlijn, zou de lange voetgangersloopbrug al lang bekend staan als de netkous, de duizendpoot of de endeldarm. In Denemarken is er echter nog steeds geen bijnaam bedacht. Het is te hopen dat vandalisme en slijtage het langwerpige bouwsel niet zal veranderen in een 'lange martelgang'.

Helsingør en Hamlet aan de wandel.

In het Deense Helsingør ligt de vesting Kronberg. Kronberg wordt ook wel het kasteel van Hamlet Castle genoemd, omdat in Hamlet van William Shakespeare de held ('to be or not to be') in deze vesting woont. Bij het verlaten van het station, kom je links van het portaal een bronzen beeld van Hamlet tegen, en rechts een beeld van zijn geliefde Ophelia. De Deense beeldhouwer Rudolph Tegner heeft het in 1937 gemaakt. In 1938 werden ze geplaatst in een park bij het kasteel Marienlyst, waar burgemeester Christensen een Hamlet Museum wilde inrichten. Voor dit doel moest een beeld van Shakespeare met nog drie beelden van de drie belangrijkste personages van het toneelstuk worden gemaakt. Maar er werden slechts twee standbeelden gerealiseerd. In 1980 werden ze uit het park verwijderd en opgeslagen in een depot. In 1983 werden ze in het centrum van de stad geplaatst, in 1996 verhuisden ze weer naar het kasteel. Vanwege bouwwerkzaamheden moesten ze in 2008 naar het station verhuizen. En daar staan ze nog steeds.

57

2.4 Finland

Helsinki Centraal Station – zo vader, zo zoon

In 1904 werd een wedstrijd uitgeschreven voor een nieuw centraal station in Helsinki. De winnaar was de jonge architect Eliel Saarinen (1873-1950) met een nationaal-romantisch ontwerp in neo-romaanse stijl. Dit bracht een discussie op gang waarin stemmen opgingen voor een modernere vormgeving. Ten slotte heeft Saarinen zijn ontwerp radicaal herzien in de richting van een modernere en duidelijkere Jugendstil-architectuur. Het station heeft een wachtkamer van 50 vierkante meter, die ooit speciaal voor de Russische tsaar werd gebouwd, maar later werd gereserveerd voor de Finse president. Toen het station in 1919 werd geopend, maakte Finland geen deel meer uit van Rusland. De naam van het station werd weergegeven in twee talen - Fins en Zweeds. Het verfrissende ontwerp van het station, met zijn machtige klokkentoren in roze graniet en reusachtige lamphouders, is vandaag de dag nog steeds indrukwekkend. De architect Eliel Saarinen verhuisde in 1923 naar de VS. Zijn zoon Eero Saarinen trad in zijn voetsporen werd onder meer bekend door de TWA-terminal op John F. Kennedy Airport in New York.

Naast het station van Helsinki wordt het Art Nouveau-station van Kajaani, gebouwd in 1905, ook wel genoemd als 'het mooiste station van Finland'.

Nokia - het low tech station

Het bedrijf Nokia werd in 1865 opgericht in het kleine Finse stadje Nokia en produceerde ooit papieren producten en rubberen laarzen. Vandaag de dag gebruiken meer dan 1 miljard mensen over de hele wereld mobiele telefoons van Nokia en toeristen die Finland bezoeken gaan vaak met de

trein naar Nokia. Maar daar wacht hen steevast een teleurstelling omdat ze geen high tech station vinden, maar slechts enkele perrons zonder stationsgebouw.
Ooit was er ook een Nokia-station in Bochum (na de sluiting van de fabriek omgedoopt tot Bochum-Riemke).

Trains 'n roses

In de zomer van 1998 werd de Duits-Finse film 'Zugvögel – einmal nach Inari' (Engelse titel 'Trains'n roses') uitgebracht in de Duitse bioscopen. De regisseur was Peter Lichtefeld. De hoofdrol Hannes werd gespeeld door Joachim Krol. Hannes is een verlegen vrachtwagenchauffeur uit Dortmund die bier bezorgt. Hij heeft een passie voor treindienstregelingen en wil dolgraag deelnemen aan de eerste internationale wedstrijd voor dienstregeling kenners in Inari in het noorden van Finland. Hannes pakt zijn bagage en vraagt vakantieverlof aan. Maar hij heeft net een nieuwe baas die Hannes niet wil laten gaan. Hannes draait door, slaat de baas knock out en vertrekt op treinreis naar de poolcirkel. Daar ontmoet hij de liefde van zijn leven Sirpa, die dol is op rozen. De ironie van de geschiedenis: Inari, gelegen aan het Inari meer in Samenland, is heel ver weg van de spoorlijn gelegen en heeft helemaal geen station. De hoofdpersoon moet eigenlijk een bus naar Inari nemen vanaf het station van Kemijärvi, waar slechts één keer per dag een trein stopt. Lichtefeld kreeg het idee voor de film naar zijn zeggen in 1994 op de terugreis per trein van Sodankylä naar Helsinki. Maar ook Sodankylä heeft geen station.....

Het station van Humppila en de postrovers

In 1973 brandde het station van Humppila af. Inbrekers hadden geprobeerd in te breken in de kluis van het nabijgelegen postkantoor. Toen ze geluiden hoorden, renden

59

ze halsoverkop weg, maar lieten de gasbrander aan. Niet alleen het postkantoor brandde af, maar ook het nabijgelegen treinstation. Pas tien jaar later werd er een nieuw stationsgebouw van Humppila in gebruik genomen.

Het station van Kolari in het uiterste noorden

Het station van Kolari is het meest noordelijke van de Finse spoorwegen. Vanaf hier is het meer dan 1060 km naar het hoofdstation van Helsinki. Kolari ligt in Samenland aan de grens met Zweden en is via een aftakking verbonden met het grensstation van Tornio met Zweden. Het stationsgebouw, gebouwd in 2000, heeft een kegelvormig dakelement dat de stijl van een Samische hut nabootst. Samische hutten hebben ook zulke kegelvormige daken voor de rookafvoer. Het station van Kolari is vooral in het winterseizoen druk bezet, als er veel skiërs uit het zuiden van het land aankomen.

Mannerheim's salonwagon in Mikkeli

Het hoofdkwartier van het Finse leger was tijdens de Tweede Wereldoorlog gevestigd in de Oost-Finse stad Mikkeli. De salonwagen, waarmee veldmaarschalk Mannerheim in 1939-1946 bijna 80.000 km door Finland reisde, wordt tentoongesteld op het station van Mikkeli en is elk jaar op 4 juni (Mannerheim's verjaardag) te bezichtigen.

De salonwagen van Mannerheim

Littonen en Lenin

In 1907 probeerde de Russische revolutionair Vladimir Iljitsj Lenin vanuit Finland, dat toen nog deel uitmaakte van Rusland, naar Zweden te ontsnappen. In een buitenwijk van Helsinki nam hij een trein naar Turku, vanwaar hij per schip verder zou gaan. In de trein dacht Lenin echter dat hij werd gevolgd door twee leden van de geheime politie van de tsaar. Om zijn achtervolgers van zich af te schudden, sprong Lenin van de trein die net wegreed, op het station van Littonen, vlak voor Turku. Lenin was licht gewond, maar kon desondanks de haven van Turku bereiken. Helaas was de stoomboot naar Zweden al vertrokken. Met behulp van sympathisanten wist Lenin ergens op de archipel tussen Finland en Zweden een toevluchtsoord te vinden en nam later van daaruit een schip naar Zweden. Vanuit Zweden bereikte Lenin uiteindelijk Duitsland en vervolgens Zwitserland. Vandaag herinnert een plaquette op het station van Littonen voorbijgangers aan de sprong van Lenin uit de trein.

Lahti en nogmaals Lenin

In het voorjaar van 1917 keerde Lenin met de trein terug uit Zwitserland via Duitsland, Zweden en Finland naar Sint-Petersburg. De Russische revolutie was begonnen en de Duitsers hadden Lenin van tickets en visa voorzien, omdat men hoopte via een revolutie de oorlogsvijand Rusland te kunnen verzwakken. Maar opnieuw kregen de traditionele witte Russische strijdkrachten de overhand en Lenin moest in juli 1917 voor de laatste keer uit Rusland vluchten. Vermomd als stoker ging hij op een locomotief naar Helsinki. Lenin moest zijn plek echter al in het station van Lahti opgeven, omdat de hitte van de stoommachine de was deed smelten van het masker dat Lenin's gemakkelijk herkenbare gezicht moest verbergen.

2.5 Baltische staten

Het prachtige station van Haapsalu (Estland)

Haapsalu is een kuuroord aan de westkust van Estland. Toen de spoorlijn St. Petersburg-Tallinn (Reval) in 1905 werd doorgetrokken naar Haapsalu, koos de familie van de tsaar voor deze plaats als zomerverblijf. Er moest dus een representatief station komen. Uiteindelijk werd er een zeer langgerekt stationsgebouw opgetrokken, waarvan de overkapping het destijds langste overdekte perron van Europa (216 m) reizigers als de Tsarenfamilie beschermde tegen weer en wind. Het stations complex bevatte ook een paviljoen voor de tsarenfamilie. In 1995, toen de spoorlijn 100 jaar bestond, werd de treindienst naar Haapsalu opgeheven. Sinds 1997 is het Estse Spoorwegmuseum in het station gevestigd, dat in zijn oorspronkelijke stijl bewaard is gebleven.

Haapsalu treinstation (de linkervleugel herbergt het museum)

Het station van Riga en het Russische popduo Tatu

Door de concurrentie van bussen, auto's en vliegtuigen en de veranderde verkeerspatronen na de ineenstorting van de Sovjet-Unie hebben de stations in de Baltische staten vandaag de dag slechts een klein aantal reizigers te verwerken. Een uitzondering is het hoofdstation van Riga, waar de 25 miljoenste passagier van het jaar al in november 2006 werd geteld. In mei 2003 ontving het station zelfs prominente reizigers. Het destijds zeer populaire Russische popduo Tatu was uit Moskou gekomen voor deelname aan het Eurovisie Songfestival. Talloze fans kwamen naar het station om hun idolen te verwelkomen. Aan de achterzijde van het station bevinden zich markthallen, die zich bevinden in voormalige Zeppelinhangars, die het Duitse leger tijdens de Eerste Wereldoorlog in het westen van Letland heeft achtergelaten. In de Sovjettijd gaf de stations toren de tijd digitaal weer, na de renovatie werd deze weer vervangen door een analoge klok.

Valga/Valka

Op de grens tussen Estland en Letland ligt een gedeelde stad. Aan de Estse kant heet deze Valga, aan de Letse kant Valka. Valga/Valka was ooit één stad. Maar na de Eerste Wereldoorlog en de ineenstorting van het Russische Rijk hebben zowel Estland als Letland de stad opgeëist. Uiteindelijk werd de Britse commissaris voor de Baltische staten, Sir Stephen Tallents, ingeschakeld om een neutraal oordeel te vellen. Hij koos voor een Salomonsoordeel. Tallents stelde voor om de stad door de plaatselijke rivier te verdelen. Zo viel het grotere noordelijke deel van de stad, inclusief het treinstation, aan Estland toe als Valga, en viel het deel ten zuiden van de rivier als Valka toe aan Letland. Toen de Baltische staten later door de Sovjet-Unie werden geannexeerd, viel de grens tussen beide plaatsen weer weg. In 1949 werd het station ingrijpend verbouwd (in een stijl die doet denken aan de Weinbrenner-gebouwen in Karlsruhe). In 1991 werden de Baltische staten weer onafhankelijk en namen ze hun soevereiniteit zeer serieus. In de stad werden grenshekken geplaatst en op het illegaal overschrijden van de grens kwam een gevangenisstraf te staan. Maar sinds de toetreding tot het Schengengebied in december 2007 is ook dit tot het verleden gaan behoren en zijn de grenscontroles zijn afgeschaft. Treinen uit Letland rijden nu weer naar Valka – nu nog de enige internationale spoorverbinding tussen beide landen. Momenteel wordt de Rail Baltica aangelegd, een hogesnelheidslijn om Finland en de Baltische staten via Polen met het Europese spoorwegnet te verbinden. Deze zal in 2026 gereed moeten zijn.

Het station van de luchthaven van Vilnius

In een blog over luchthavens zei een deelnemer dat de luchthaven van Vilnius de sfeer van een treinstation heeft. Sinds oktober 2008 klopt dit ook wel, want de luchthaven van de Litouwse hoofdstad heeft een eigen luchthavenstation met een verbinding naar het centraal station van Vilnius – en is daarmee het eerste luchthavenstation in de Baltische staten.

Treinstation van de Luchthaven Vilnius

64

Vilnius Centraal Station en de maquettes

De Sovjet-Unie had ooit het grootste aantal metro- en tramnetwerken ter wereld. En hoewel Litouwen 45 jaar lang deel uitmaakte van de Sovjet-Unie, heeft de hoofdstad Vilnius geen metro, laat staan een tram. Maar omdat de stad een echte metropool wil zijn en de verkeersproblemen in de dichtbevolkte binnenstad steeds ernstiger worden met de toenemende autodichtheid, zijn er plannen om in de verre toekomst een metro aan te leggen. Het tijdperk van spoorloos stadsverkeer werd in 2003 afgesloten met de opening van een soort kabelbaan naar Kasteel Gediminas.

In de stationshal is al een model van het station gebouwd op HO-schaal, compleet met metrotunnels.

Maquette van het station van Vilnius in de stationshal

Nog merkwaardiger zijn de treinstellen met het DB-logo die op de sporen zijn geplaatst. Zelfs als de DB het zou willen, kunnen de treinstellen niet op het breedspoornetwerk van de

Litouwse spoorwegen rijden. Een tweede modelspoorbaan in de stationshal toont nog een ander toekomstbeeld. Een hogesnelheidstrein van het type ICE in een landschap inclusief alpen chalets dat karakteristiek voor Litouwen zou moeten zijn. Het DB-logo werd wederom met het LG-logo van de Litouwse spoorwegen overgeschilderd. Het Litouwse spoorwegnet maakte lange tijd deel uit van het Russische of Sovjetnet. Dit komt ook tot uiting in de modelspoorbaan. De keerlussen van het miniatuur spoorwegnet bevinden zich respectievelijk in Wit-Rusland en Kaliningrad.

Kupiskis en het zuinige stadsbestuur

Oorspronkelijk zou de Litouwse stad Kupiskis een station krijgen in de buurt van het stadscentrum. Maar de stad zag niet in waarom men een bijdrage aan de spoorwegmaatschappij zou moeten leveren voor de aanleg op deze locatie (een zweem van omkoping, vond men). Dus bouwde de spoorwegmaatschappij het station ver weg van het stadscentrum en de inwoners van de stad moeten een heel eind lopen of een taxi bestellen om het te bereiken.

Het mooie station van Marijampole

Het station van de Litouwse stad Marijampole werd pas in 1923 gebouwd. Litouwen was pas een paar jaar onafhankelijk en wilde een architectonisch visitekaartje afgeven. Het station was indrukwekkend, met een hoge klokkentoren en Art Nouveau elementen. In de tweede wereldoorlog werd Marijampole zwaar beschadigd. Maar het station bleef intact en is vandaag de dag één van de weinige architectonische bezienswaardigheden van de stad. Tussen 1955 en 1989 heette de stad Kapsukas, naar een van de oprichters van de Communistische partij van Litouwen.

Sugihara en de visa op het station van Kaunas

In 1939 werd de Japanner Chiune Sugihara vice-consul van het Japanse consulaat in Kaunas, Litouwen. In 1940 bezette de Sovjet-Unie Litouwen en veel Joden uit Polen, waar ze bedreigd werden door de Duitse bezetter, probeerden een uitreisvisum te bemachtigen via Litouwen. Honderden vluchtelingen kwamen naar het Japanse consulaat om een visum aan te vragen voor Japan, waar een joodse gemeenschap in Kobe was en dat men via de Trans-Siberische spoorlijn kon bereiken. De Japanse regering gaf conform de richtlijnen echter alleen visa af aan mensen met voldoende geld of met een visum van een derde land om naar Japan te reizen. Maar de rijen voor het consulaat werden steeds langer. In juli 1940 besloot Sugihara, na overleg met zijn vrouw, op eigen initiatief tegen de richtlijnen in de benodigde visa af te geven inclusief een doorreisvisum voor 10 dagen naar Japan. Hij was dagelijks 18 tot 20 uur bezig met het afgeven van visa en zo heeft hij het leven van de duizenden Joden gered. Maar de Japanse regering keurde zijn handelswijze alsnog af en sloot het consulaat op 4 september 1940. Sugihara kreeg opdracht naar Duitsland te vertrekken. Maar desondanks gaf Sugihara nog steeds visa af op het perron van het station van Kaunas en zelfs nog in de treincoupé. Toen de trein naar Berlijn vertrok, gooide Sugihara de visa met de bijbehorende stempels uit het raam op het perron. Zo konden de vluchtelingen er alsnog van profiteren door zelf hun visum af te stempelen. Na Kaunas diende Sugihara als Consul-generaal in Praag, Koningsbergen en tenslotte Boekarest. Daar werd hij door de Russen gevangengenomen, Maar ook hij kon in 1946 via de Trans-Siberische Spoorweg naar Japan vertrekken. Hij wordt wel de Japanse Schindler genoemd.

Jan Zwartendijk, van "Mister radio Philips" tot "the angel of Curaçao"

Een paar jaar geleden is bekend geworden dat Sugihara nauw samenwerkte met Jan Zwartendijk, de Nederlandse consul in Kaunas. Deze schreef visa uit voor Curaçao, waarnaar Joodse vluchtelingen door konden reizen, nadat zij met de Trans-Siberische Spoorweg Japan hadden bereikt. Zwartendijk was aanvankelijk de baas van de Philips fabrieken in Litouwen en stond bekend als "Mister Radio Philips", die mooie radio's en scheerapparaten aan de Litouwers verkocht. Na het uitbreken van de oorlog werd hij op verzoek van de Nederlandse regering ook consul. Zwartendijk trok zich het lot van de Joodse vluchtelingen aan en begon verklaringen uit te schrijven dat voor doorreizen naar de Nederlandse koloniën geen visum nodig was, hetgeen niet waar was. Zo redde hij het leven van circa tienduizend vluchtelingen. Een van de vluchtelingen gaf Zwartendijk zijn nieuwe bijnaam " the angel of Curaçao". De Nederlandse schrijver Jan Brokken heeft de heldendaden van Sugihara en Zwartendijk beschreven in zijn roman "De rechtvaardigen", verschenen in 2018.

3. Frankrijk

3.1 Parijs en Noord-Frankrijk

Parijs Gare du Nord – Adieu sweet Bahnhof

Met 500.000 passagiers per dag (inclusief de RER) is het Gare du Nord het drukste treinstation van Europa. Maar dat was niet altijd zo. Het eerste noordstation, geopend in 1846, was nog relatief klein en liep ten gevolge van het toenemend verkeer naar Nederland en België, binnen enkele jaren tegen zijn capaciteitsgrens aan. Dat bleek al snel het geval, zoals de volgende anekdote aantoont. De Britse koningin Victoria reisde in 1855 per veerboot en trein naar Parijs om de wereldtentoonstelling te bezoeken die dat jaar in Parijs zou plaatsvinden. Op het perron van het noordstation stond een ontvangstcomité van Franse hoogwaardigheidsbekleders gereed in afwachting van de komst van de koningin. De ontvangst was perfect geregeld en overal in het station waren spandoeken met 'Welkom' opgehangen. Maar de trein stopt al voordat hij het station binnenrijdt. Na een paar minuten komt de trein weer in beweging, maar tot schrik van de aanwezigen in de andere richting. Dan komt de verklaring: het station was te klein voor de Koninklijke trein. Daarom moest deze worden omgeleid naar het ruimere Gare de l'Est. De versieringen werden in allerijl meegenomen en het ontvangstcomité bereikte net op tijd het nabijgelegen Gare de l'Est, waar de trein van de koningin zojuist aankomt. Daarop werd besloten om de omvang van het noordstation binnen twee jaar te verdrievoudigen. Acht vrouwenbeelden op de gevel vertegenwoordigen belangrijke reisbestemmingen in noordoostelijke richting: Brussel, Amsterdam, Londen, Wenen, Berlijn, Warschau, Keulen en Frankfurt. Er zouden van hier echter nooit treinen naar Frankfurt of Wenen vertrekken. De Nederlandse popgroep

69

the Nits heeft een weemoedig nummer opgenomen over een treinreis vanaf Amsterdam CS naar het Gare du Nord met de drietalige titel *Adieu sweet Bahnhof.*

Parijs Gare du Nord

Lille Flandres – het gerecyclede station

Toen het Gare du Nord van Parijs werd herbouwd en daarmee een representatiever uiterlijk kreeg, werd de gevel van het oude station ontmanteld en naar Lille vervoerd om daar opnieuw te worden opgebouwd. Aanvankelijk waren de inwoners van Lille niet al te enthousiast over het idee om een voormalig treinstation van Parijs in hun stad te recyclen. Later werd er nog een verdieping bovenop gebouwd en kwam er een klokkentoren bij. Maar de voorgevel van het treinstation Lille Flandres toont nog steeds hoe het Gare du Nord in Parijs er vóór 1860 uitzag.

Met de opening van de kanaaltunnel kreeg Lille een tweede station voor de hogesnelheidslijn - `Lille Europe´, compleet met L-vormige kantoorgebouwen. Het treinstation is erg tochtig, daarom heeft het de bijnaam 'Gare aux courants d´air' -, oftewel 'het tochtgat station'.

Parijs Gare d'Austerlitz en de ballonnen

Toen Parijs in 1870/71 werd belegerd door de Duitse troepen, gingen de Parijzenaars geheel in de traditie van de gebroeders Montgolfier hete lucht ballonnen produceren in de hoge hal van het treinstation van Austerlitz. Met deze ballons werden, duiven, berichten en zelfs een politicus veilig over de vijandelijke linies getransporteerd.

Parijs-Saint-Lazare en Claude Monet

Met zijn 27 sporen en meer dan een kwart miljoen passagiers per dag is Paris-Saint-Lazare een van de grootste treinstations van Frankrijk en tevens een van de bekendste onder kunstliefhebbers. In 1877 vereeuwigde de impressionist Claude Monet de rook van de stoomlocomotieven op het schilderij 'la Gare Saint-Lazare'.

71

In 2008 trok het station de aandacht vanwege een rattenplaag. Werkzaamheden aan de ondergrondse delen van het gebouw

De flipperkast in het centrum van Parijs

In 1976 werden de voormalige markthallen van Parijs gesloopt en vervangen door een futuristisch winkelcentrum met een metro- en RER - station. Maar het nieuwe Châtelet les Halles-complex was vanaf het begin controversieel. De architectuur viel uit de toon bij de naburige Saint-Eustache kerk en de glazen en plastic constructies konden de tand des tijds niet goed weerstaan. Ook de bewegwijzering voor voetgangers in het ondergrondse station was niet ideaal. Massieve pilaren ontnamen het overzicht en bemoeilijkten de oriëntatie. Zo kreeg het station de bijnaam 'de flipperkast' omdat de passagiers van hot naar her zwierven als een bal in een flipperkast. Inmiddels is het station gerenoveerd en is de situatie overzichtelijker. Met 750.000 bezoekers per dag is Châtelet één van de drukste treinstations van Frankrijk.

Deauville en het rolmodel

In 1931 werd een nieuw treinstation geopend in de badplaats Deauville in Normandië, waarvan het ontwerp was gebaseerd op de regionale Normandische bouwstijl. Tegenwoordig heet het station Gare de Trouville-Deauville. De straatkant van het station is in vakwerkstijl en heeft drie puntige gevels. Verschillende treinstations die in de koloniale tijd door de Fransen in het buitenland zijn gebouwd, zouden kopieën zijn van Deauville, waaronder dat van Da Lat in Vietnam en Pointe Noire in Congo. Maar de gelijkenis is maar zeer beperkt.

Rouen en de onfortuinlijke Belgische dichter

Gelegen op de rechteroever van de Seine en om die reden Rive Droite genoemd, heeft het centraal station van Rouen een van de mooiste ontvangstgebouwen van Frankrijk. Het werd gebouwd in Art Nouveau-stijl door de architect Adolphe Dervaux in 1912-24 en ingehuldigd door de Franse president in 1928. Tijdens de bouwfase heeft zich een ongeval voorgedaan in het station. De Belgische dichter Emile Verhaeren (geboren in1855) woonde in november 1916 een conferentie bij in Frankrijk. Hij had eerder de verwoestingen van de Eerste Wereldoorlog gehekeld met pacifistische gedichten. Nu probeerde hij de vriendschap tussen Frankrijk, België en Groot-Brittannië te versterken. Verhaeren werd door een enthousiaste menigte in het treinstation uitgezwaaid. Maar in het gedrang werd hij op de rails geduwd en kwam hij onder de trein. De Franse regering wilde hem eren met een graf in het Pantheon van Parijs, maar zijn familie drong aan op een begrafenis op een Belgische militaire begraafplaats.

Het enorme treinstation van Cherbourg

Toen Cherbourg's Gare Maritime na vijf jaar bouwen in 1933 werd geopend, was het gebouw in art-decostijl het op één na grootste in Frankrijk, na het paleis van Versailles. De stationshal is 240 meter lang, en het stations complex is 93 meter breed. Het station besloeg daarmee een oppervlakte van meer dan 2 hectare. De klokkentoren van het station was 67 meter hoog en had tevens een nautische functie. Cherbourg, gelegen aan de noordkant van het schiereiland Norman-the-Contentin, was in die tijd een belangrijke trans-Atlantische haven, ook voor passagiersvervoer. Het station was zo royaal van afmetingen dat oceaanstomers aan de ene kant konden aanmeren en passagiers uit Paris St. Lazare aan de andere kant in en uit de trein konden stappen. Tijdens de

Tweede Wereldoorlog maakte het militaire verkeer intensief gebruik van de stations faciliteiten. Het station werd echter ook getroffen door bommen en de klokkentoren werd verwoest. Deze werd niet meer herbouwd, want met de opkomst van het luchtverkeer ging het met de trans-Atlantische scheepvaart al snel bergafwaarts. Het station werd al snel een soort dinosaurus. In 1999-2002 werd het station verbouwd tot het maritiem museum *Cité de la Mer*.

Het razendsnelle suikerbietenstation

In Frankrijk ligt de prioriteit vaak meer bij de maximale snelheid op een traject en de gunstigste reistijden vanuit Parijs dan op goede verbindingen tussen bestaande treinstations. Zo komt het voor dat stopplaatsen in minder belangrijke steden vaak ver van het stadscentrum liggen, maar men zorgt dan in de regel wel voor goede parkeervoorzieningen. Een voorbeeld is het TGV-station Haute Picardie dat middenin de groene landbouwstreek tussen Amiens en Saint-Quentin ligt. Dit station heeft als bijnaam 'het suikerbietenstation'.

Lusigny en het modeltreinstation

Lusigny-sur-Base is een kleine plaats in de regio Champagne-Ardenne in het oosten van Frankrijk. Sinds de jaren negentig zijn er geen treinen meer gestopt op het station van Lusigny. Desalniettemin is het een van de beroemdste treinstations in Frankrijk. Omdat een miniatuurversie van station in HO-formaat al tientallen jaren één van de bestsellers is van de Franse modelspoorfabrikant Jouef en hele generaties modelspoorliefhebbers ermee opgegroeid zijn.

3.2 Elzas - Lotharingen

Metz - het militair strategische station

Het treinstation van Metz werd in de jaren1905-1908 gebouwd om militair strategische redenen. Lotharingen maakte toen deel uit van Duitsland en het nieuwe station maakte een directe verbinding met Berlijn mogelijk via de 'kanonnenspoorlijn'. De perrons waren erg lang en erg breed zodat paarden tijdens een oorlog snel konden worden geladen en gelost. Het station moest het mogelijk maken om binnen 24 uur een compleet leger naar Lotharingen te vervoeren. De locatie had echter een zachte ondergrond en daarom moest het gebouw op 3000 palen van gewapend beton gebouwd worden. Het gebouw werd opgetrokken in neo-romaanse stijl, wat in die tijd als typisch Duits werd beschouwd. Keizer Wilhelm II, die geïnteresseerd was in architectuur, heeft persoonlijk tot in het kleinste detail op het ontwerp van Jürgen Kröger toegezien. De Keizer hield ook een oogje in het zeil bij de renovatie van de kathedraal van de stad.

Colmar en de opmerkelijke gelijkenis

Het Franse spoorwegmagazine *La vie du rail* publiceerde een paar jaar geleden een artikel over het treinstation van Colmar. Dit stationsgebouw, gebouwd in de jaren 1905-1907, zou sterk op het centraal station van Gdansk lijken, dat kort daarvoor was gebouwd in de periode1894-1900, waarvan de toren een nabootsing is van de stadhuistoren. Een lezer merkte destijds op dat dit geen wonder was, want beide stations lagen ten tijde van de bouw in hetzelfde land - Duitsland.

75

Straatsburg - de erfenis van de Duitse Keizer

In 1883 reed de eerste Oriënt-Expres van Parijs naar Wenen. De trein stopte ook bij het nieuwe hoofdstation van Straatsburg, dat in hetzelfde jaar was geopend. Het station beschikte over prachtige ruimtes voor de Duitse keizer, omdat Straatsburg in 1871 Duits was geworden. Twintig jaar eerder waren er draaibruggen in de spoorbrug over de Rijn aangebracht om de vijand in geval van oorlog de pas af te snijden. De mensen van Straatsburg liepen nooit echt warm voor de massieve, weinig opzienbarende zandstenen gevel van het Keizerlijke station. Daarom werd er in 2006 een spectaculaire glasconstructie voor de gevel van het station aangebracht. Vanaf het nieuw aangelegde gazon er tegenover biedt dit een surrealistische aanblik.

Straatsburg hoofdstation

Mulhouse en de tram-trein

De architectuur van het treinstation van Mulhouse is puur Frans. De eerste twee stations op deze plek werden gebouwd tijdens de periode 1840-1850. Het derde station is gebouwd in de periode 1928-1932 en staat er nog steeds. Van 2006 tot 2009 werd het stationsplein heringericht om evenals in Straatsburg, een aansluiting mogelijk te maken op het nieuw aangelegde VAL-tramsysteem. Sinds 2018 is de tramlijn verlengd naar Kehl in Duitsland.

3.3 Rest van Frankrijk en Monaco

Perpignan – Dali komt niet van het dak af.

De Spaanse schilder Salvador Dali (1904-1989) reisde vaak met de trein van zijn huis in Noord-Spanje naar Parijs. De spoorlijn liep via het station van Perpignan in Zuid-Frankrijk. Naar zijn zeggen ervoer Dali dit station steevast als een inspiratiebron. Hij beschouwde het treinstation als een belangrijk centrum van de westerse metafysica. Naderhand zag hij het zelfs na een visioen als het mystieke en kosmische centrum van het universum. Dali heeft in 1965 het station op een schilderij vereeuwigd -le *mystique de la gare de Perpignan*-. Het schilderij hangt in het Ludwig Museum van Keulen. De Franse spoorwegen waren zeer in hun nopjes met het schilderij en gaven Dali nog eens opdracht tot het vervaardigen van 6 spoorwegaffiches rond het thema spoorwegen. Bovenop het dak van het station van Perpignan prijkt een beeld dat Dali voorstelt gezeten op een gigantische rode stoel.

Perpignan treinstation (Afbeelding: Wikipedia)

77

St. Nazaire en de val door het glazen dak

De Amerikaan Alan Eugene Magee, geboren in 1919, stierf in december 2003 op 84-jarige leeftijd. Maar meer dan 60 jaar eerder was het een wonder dat hij nog leefde. Magee was een bemanningslid van een Amerikaanse bommenwerper die boven de Franse kustplaats St. Nazaire vloog toen zijn vleugel geraakt werd door Duits afweergeschut. Het vliegtuig begon neer te storten. Er was geen parachute binnen bereik, maar Magee wist uit het toestel te kruipen. Magee maakte een vrije val van een hoogte van 6.400 meter die uiteindelijk gebroken werd door het glazen dak van het treinstation van St. Nazaire. Wonder boven wonder overleefde Magee de val, maar hij was wel ernstig gewond. Toen hij bijkwam, zei hij: "Ik weet niet hoe ik hier ben gekomen, maar godzijdank leef ik nog." De Duitse bezetters hadden ontzag voor deze miraculeuze overleving en zorgden zo goed mogelijk voor hem. In 1993, 50 jaar na het incident, werd in de stad een gedenkteken opgericht voor Magee en zijn cockpitbemanning. De anderen hadden zich op conventionele wijze gered met parachutes.

Het historische treinstation van St. Nazaire met zijn glazen dak waaraan hij zijn leven te danken had, raakte later in verval omdat het bergafwaarts ging met de stad ten gevolge van de scheepsbouwcrisis. In 1955 werd een nieuw gebouw opgetrokken en aangezien het aan de haven ligt, bevat het maritieme elementen en lijkt het op het dek van een schip.

Limoges en de bruiloft van de schildpad met de kaars

Limoges in het zuidwesten van Frankrijk heeft een koepelvormige stationshal met een klokkentoren ervoor die op een vuurtoren lijkt. Gelet op het moskee-achtige uiterlijk zou een reiziger eens hebben uitgeroepen: "Zijn we al in Constantinopel?" Het treinstation gebouwd door de architect

Roger Gonthier (1884-1978) en geopend in 1929, werd door sommige inwoners vergeleken met een schildpad die trouwt met een kaars. Het ontwerp van het treinstation weerspiegelt de commerciële traditie van de porseleinstad. De indrukwekkende glazen koepel werd in 1998 door brand verwoest, maar werd later in originele staat hersteld.

Roanne en de vermiste president

Op 24 mei 1920 stond op het treinstation van Roanne (departement Loire) een ontvangstcomité klaar voor de Franse president Paul Deschanel, die hier om 7 uur met de trein zou aankomen. Maar er kwam bericht dat de president op mysterieuze wijze uit de nachttrein was verdwenen. Uiteindelijk werd de president gevonden in een spoorwachtershuisje. Wat was er nu gebeurd? De vorige avond had de president door het open raam van zijn slaapwagen geleund. Op de één of andere manier leek hij zijn evenwicht te hebben verloren zodat hij van de trein viel. Gelukkig reed deze met lage snelheid langs een bouwplaats. De president dwaalde onder het bloed in zijn pyjama langs het spoor, totdat hij een spoorwegarbeider tegenkwam die hem naar het dichtstbijzijnde spoorwachtershuis bracht. Daar stelde hij zich voor als de president van Frankrijk. De stations opzichter was wantrouwend, maar informeerde toch de politie. Zijn vrouw zei later: "Ik wist meteen dat het een heer was, want hij had schone voeten."

Ardèche en het ontbreken van een treinstation

Het departement Ardèche in de Zuid-Franse regio Rhône-Alpes is een curiositeit op spoorweggebied: het is namelijk het enige departement in Frankrijk dat geen treinstation heeft.

La Ciotat - de eerste spoorwegfilm

In 1895 maakten de gebroeders Lumière, die worden beschouwd als de uitvinders van de cinema, een film van één minuut over de aankomst van een trein op het treinstation van La Ciotat in Zuid-Frankrijk. Dit was de eerste film over een spoorweg. Toen de film werd vertoond, schrokken de bezoekers zich een hoedje en deinsden gillend achteruit, want ze dachten dat de trein recht op hen afkwam,

Saint-Dalmas de Tende en de veranderende grens

De Tenda-spoorlijn verbindt Turijn met de Middellandse Zeekust en rijdt door een spectaculair landschap over Italiaans en Frans grondgebied. In het middelste deel van de route werd de grens in de 20e eeuw heen en weer verschoven. In 1928 hoorde het gebied Tenda bij Italië en liet Mussolini een markant grensstation bouwen in het kleine dorpje dat tegenwoordig bekend staat als Saint-Dalmas de Tende. In 1947 werd het dorp weer Frans. Op de gevel van het ontvangstgebouw in Italiaanse stijl zijn de vervaagde letters van de voormalige Italiaanse naam *Santo Dalmazzo di Tenda* nog steeds te zien.

Marseille Saint-Charles en de trappen

Het eindstation Saint-Charles in Marseille, gebouwd in 1848 en gerenoveerd in 2006, ligt op een kleine heuvel. Het is verbonden met de benedenstad door een monumentale trap met 104 treden, die in 1926 werd geopend. De voet van de trap wordt geflankeerd door twee liggende sensuele vrouwenbeelden van de beeldhouwer Louis Botinelly (1883-1962), die de koloniën in Azië en Afrika moeten voorstellen. In het boek 'Dictionnaire Amoureux de Marseille' zegt de auteur Paul Lombard dat hij en zijn maatjes als schooljongens vooral genoten van de uitgesproken vrouwelijkheid van het beeld dat de koloniën van Afrika voorstelt.

Cauterets - houten station met een wildwest uiterlijk

In het dorp Cauterets in de Pyreneeën heb je het gevoel dat je in het Wilde Westen terecht bent gekomen, vanwege het houten station. De bijbehorende spoorlijn werd echter in 1949 opgeheven. In de 19e eeuw was Cauterets nog een populaire wintersportbestemming. Een bedrijf in Bordeaux, dat houten onderdelen vervaardigde, kreeg de opdracht voor het stationsgebouw. Ze stelden een bouwpakket van hout samen, waarvan de onderdelen per trein naar Cauterets werden gebracht en daar gemonteerd, wat resulteerde in een western look.

Het verkeerde Monaco

In april 2008 reisden twee Italiaanse dames van Triëst naar München om hun neef op te halen, die met de nachttrein vanuit Parijs zou komen. Maar van de neef was geen spoor te bekennen. Uit navraag bij de politie bleek dat de neef in Monaco was gearriveerd. Omdat München in het Italiaans *Monaco di Baviera* heet, had de neef óp het station in Parijs een kaartje naar *Monaco* gekocht. De tantes reden uiteindelijk met de auto naar het vorstendom om hem alsnog op te halen.

4. Het Verenigd Koninkrijk en Ierland

4.1 Groot-Londen

London Euston en de prijs van modernisering

Ook Londen had ooit een treinstation in neoklassieke stijl, namelijk Euston Station, gebouwd in 1837. Het entree portaal ("Euston Arch") had machtige, 22 meter hoge Dorische zuilen. In 1962 werd tot spijt van velen het gebouw inclusief de zuilengalerij afgebroken tijdens de moderniseringsmanie van die tijd en vervangen door een banaal modernistisch gebouw. De teloorgang van het station leidde tot meer aandacht voor van het monumentenbehoud in Groot-Brittannië, dat tot dan toe transport- en industriële gebouwen niet tot het cultureel erfgoed rekende.

Londen St. Pancras van bier tot Eurostar

Het treinstation St. Pancras in Londen is een enorm neogotisch gebouw. Het wordt gekenmerkt door twee grote bezienswaardigheden. De eerste is het grote hotel dat geïntegreerd is in de gevel. Het stond lange tijd leeg en is recent gerenoveerd. De tweede is het enorme tentdak dat alle sporen overspant, destijds de eerste van dit type constructies. Sinds de heropening als eindpunt voor de Eurostar naar het Europese vasteland in november 2007, is er nog een andere bijzonderheid van formaat: het perron heeft namelijk de langste champagnebar van Europa. Bij de opening was de pers uiterst lovend over het station. Maar het station biedt helaas niet meer de unieke ervaring van een eindstation met treinen die overzichtelijk opgesteld staan voor de passagiers. Dit komt omdat het perronniveau zich boven het bezoekers- en winkelgebied bevindt en alleen kan worden bereikt na inchecken in de Eurostar. De sfeer is daardoor nogal steriel.

De gewelven, waar nu winkels gevestigd zijn, werden vroeger overigens gebruikt voor het opslaan van bier, dat vanuit de provincie naar St. Pancras werd aangevoerd.

St. Pancras en de graven

Het station complex St. Pancras is deels gebouwd op begraafplaatsen. De overledenen moesten daarom herbegraven worden. De kerk restaurateur en architect Thomas Hardy (1840-1928) kreeg de opdracht om toezicht te houden op deze activiteit. Hardy werd later een van de grootste schrijvers in Engeland. Hardy situeerde zijn romans in de periode voor de komst van de treinen en de industriële revolutie, die het Engelse landschap voor goed zouden veranderen.

King`s Cross en Harry Potter

In de film Harry Potter en de Geheime Kamer werden de scènes van Harry, Hermelien en Ron die de Hogwarts Express probeerden te halen, gefilmd op Kings Cross. Voor de buitenopnames koos de filmcrew echter voor het meer fotogenieke St. Pancras aan de overkant van de straat.

Londen-Waterloo en het necropolis station

Waterloo station, geopend in 1848 in Londen is qua oppervlakte het grootste treinstation van Groot-Brittannië. Een paar jaar later brak in Londen een verwoestende cholera-epidemie uit en in 1854 werd naast het hoofdgebouw een necropolis station geopend. Vanaf dit station reed elke dag een begrafenistrein naar het Brookwood kerkhof in Surrey, wat toen 's werelds grootste begraafplaats was. Bovendien lag het ver genoeg van de stad om het risico op verdere besmettingen te voorkomen. Er waren zelfs aparte perrons voor overleden Anglicanen en voor andere religies. In het

Necropolis treinstation was een bar met een bord met het gevatte opschrift "*Spirits served here*". Tijdens de Tweede Wereldoorlog werd het station verwoest door een bombardement en werd het niet meer herbouwd.

Waterloo Station en omgeving is tijdens de *swinging sixties* bezongen door de Londense popgroep the Kinks met de song 'Waterloo sunset'.

As long as I gaze at Waterloo sunset
I am in Paradise

Liverpool Street Station en het kindertransport

Voor het Liverpool Street Station staat een gedenkteken voor het kindertransport getiteld '*de aankomst*' door de architect en beeldhouwer Frank Meisler (1929-2018). Meisler zelf en andere joodse kinderen wisten in augustus 1939 per trein in een veewagen van Danzig via Berlijn en Nederland naar Liverpool Street Station in Londen te ontsnappen. Het beeld maakt deel uit van een serie beelden die hij over de evacuatie van de kinderen maakte. Voor het station Gdansk-Glówny staat het beeld '*het vertrek*', voor het station Friedrichstraße in Berlijn '*treinen naar het leven-treinen naar de dood*' en voor het station in Hoek van Holland '*Oversteken naar het leven*'. In ieder beeld staat een groep kinderen met bagage centraal.

London Paddington en de drie standbeelden

London Paddington is een station voor liefhebbers van boeken en monumenten. Agatha Christie's roman *16:50 uit Paddington* begint met een trein die vertrekt vanaf dit station. Daarnaast ontleent het welbekende beertje Paddington zijn naam aan het treinstation. In de stationshal staat dan ook een standbeeld van het beertje. Er zijn nog andere standbeelden te zien in het station - één van de grote Britse spoorwegingenieur en tunnelbouwer Isambard Kingdom Brunel (1806-1859) en één ter nagedachtenis van de Great Western Railway-medewerkers die omkwamen in de Eerste Wereldoorlog.

London Vauxhall en de fatale hoge nood

In juli 2008 stierf een 41-jarige Poolse leraar op het treinstation van Vauxhall die als toerist naar Groot-Brittannië was gereisd om zijn kennis van het Engels op te frissen. Er zijn geen toiletten in het treinstation, dus rende de toerist die in hoge nood verkeerde naar het einde van het perron om discreet zijn behoefte te doen. Maar de rails waarop hij plaste stond onder 750 volt hoogspanning. In Groot-Brittannië nemen treinen een deel van hun benodigde stroom af via de rails. De stroom urine geleidde de stroom naar het lichaam van de man die door elektrocutie aan zijn einde kwam. ☞ Het Russische woord voor een groot station 'voksal is afgeleid van de wijknaam Vauxhall.

Broad Street Station en Paul McCartney

In 1986 werd Broad Street Station in Londen, gebouwd in 1865, afgebroken. Er werd geen nieuw station gebouwd omdat Liverpool Station er pal naast lag. Broad Street was ooit een van de drukste treinstations van Londen. In 1902 werd het gebruikt door 27 miljoen passagiers, ongeveer 75.000 per dag. Maar in 1985 was het dagelijkse aantal passagiers gedaald tot 6.000, waarvan er nog slechts 300 tijdens de ochtendspits aankwamen. In 1984, een paar jaar voordat het station werd gesloopt, maakte ex-Beatle Paul McCartney de musical film *Give my regards to Broad Street.* In één van de laatste scènes in de film gaat McCartney het treinstation binnen en gaat alleen op een bankje zitten. De film had overigens weinig succes, in tegenstelling tot de soundtrack, die het zeer goed deed. Voorde Engelse acteur

Ralph Richardson (1902-1983) was deze film tevens zijn laatste optreden.

☞ Er is een aardige treinanekdote over Ralph Richardson: Richardson zag ooit een oude vriend op een treinstation in Londen. "Mijn beste Robertson" riep hij uit, "wat ben jij veranderd!" Je ziet er jonger uit - je hebt een bolle toet en je hebt een lekker kleurtje. Je hebt zelfs je snor afgeschoren". De man staarde Richardson perplex aan. Maar ik heet helemaal niet Robertson" merkte hij op. "Jeetje" antwoordde Richardson, "je hebt ook nog je naam veranderd."

Fenchurch Street – het veelzijdige station

De naam van Fenchurch Street Station, dicht bij de Tower gelegen, is verbonden aan totaal verschillende zaken. Zo is het één van de treinstations van de standaard Britse editie van het spel Monopoly. Maar ook het skater-modemerk Fenchurch is vernoemd naar het station. Het Fenchurch-logo lijkt een beetje op bogen in een kerk, maar ook op vertakte sporen. In Douglas Adams' boek' So Long, and Thanks for All the Fish ', het vierde deel van zijn serie' The Hitchhiker's Guide to the Galaxy', is de vrouwelijke hoofdpersoon *Fenchurch* vernoemd naar het station omdat Adams naar verluid op dit station op het idee kwam voor dit personage. Hij kreeg de inval eigenlijk op het treinstation van Paddington, maar omdat beertje Paddington al bestond, besloot hij zijn hoofdrolspeelster dan maar te vernoemen naar het treinstation van Fenchurch.

4.2 Zuid- en Zuidoost-Engeland

Box - de mysterieuze tunnel

In Wiltshire, in het westen van Engeland, bevindt zich de beroemde Box Tunnel nabij het dorp Box aan de spoorlijn Londen-Bristol. Deze tunnel werd in 1837 gebouwd door de Britse tunnelbouwer Isambard Kingdom Brunel (1806-1859). Hij had de tunnel zo aangelegd dat de zon er op zijn verjaardag 9 april precies doorheen schijnt. Toen de tunnel werd gegraven, ontdekten de ingenieurs dat het gesteente goed als bouwmateriaal kon dienstdoen en daarom werden er nog meer mijnen geopend om het gesteente af te graven. Deze grotten werden tijdens de Tweede Wereldoorlog door de regering gebruikt om munitie in op te slaan en om experimenten met nieuwe wapens uit te voeren. Er werd een ondergronds nieuwscentrum gebouwd met schachten die naar de erboven gelegen luchtmachtbasis leidden. Uiteindelijk ontstond er een heel stelsel van tunnels en grotten, een soort ondergrondse stad compleet met perrons en hele stations. Tijdens de Koude Oorlog werd de basis verder aangepast om bestand te zijn tegen kernwapens, en zo ontstond een gemakkelijk bereikbare schuilplaats vanuit Londen voor de regering en de Koninklijke familie in geval van een nucleaire oorlog.

Dartford en de Rolling Stones

Mick Jagger en Keith Richards werden in 1943 geboren in Dartford, Kent, en gingen daarnaar school. Na het voltooien van de school verloren de twee elkaar uit het oog. Mick Jagger studeerde economie aan de prestigieuze *London School of Economics*, Keith Richards bezocht *Sidcup Art College*. In oktober 1961 kwamen ze elkaar echter toevallig weer tegen op Dartford Railway Station. Beiden ontdekten

dat ze nog steeds een grote interesse in muziek hadden en
besloten een band op te richten - de Rolling Stones. Een van
hun bekendste nummers 'Love in vain' is oorspronkelijk door
Robert Johnson geschreven en gebruikt de trein als metafoor
voor een onbeantwoorde liefde:
....
when the train left the station
it had two lights on behind
whoa, the blue light was my baby
and the red light was my mind
All my love was in vain.

Slough en de hond in de vitrine

De stad Slough, ten westen van Londen, kreeg al in 1840 zijn
eerste treinstation. Daar begon de eerste treinreis van
koningin Victoria in 1842, die haar van het Koninklijke
Windsor Castle naar *London Paddington* voerde. Omdat de
directeur van de elitaire Eton-school niet een treinstation te
dichtbij Windsor wilde hebben, was Slough lange tijd het
treinstation dat het dichtst bij Windsor lag. Tegenwoordig
worden stations bezoekers verrast met een opgezette hond in
een glazen kast op perron vijf. Dit is Station Jim, een hond
die van 1894 tot aan zijn dood in 1896 dienstdeed om geld in
te zamelen voor het *Widows and Orphans Fund* van de Great
Western Railway. Na Jimi's dood werd hij opgezet en in een
glazen kast geplaatst met een gleuf om alsnog geld in te
doneren.

Lawrence of Arabia en het verloren manuscript

De Britse officier T.E. Lawrence (1888-1935; nu beter
bekend als '*Lawrence of Arabia*') was in 1919 rond Kerstmis
onderweg van Londen naar Oxford. Hij moest op het station
van Reading overstappen. Toen de trein al reed, bemerkte hij

tot zijn schrik dat hij zijn aktetas op het perron was vergeten. In deze tas zat het bijna voltooide manuscript van zijn boek 'The Seven Pillars of Wisdom', waarin zijn ervaringen in Arabië werden beschreven. Toen hij bij het station van Oxford aankwam, belde hij meteen naar het station van Reading. Maar de tas met het manuscript was niet gevonden. Omdat hij zijn aantekeningen eerder had weggegooid, restte hem geen andere keuze dan het 250.000 woorden tellende werk uit zijn hoofd te herschrijven. Maar dit was niet tevergeefs, die bijna vier uur durende film won zeven Oscars.

Het Koninklijk station van Wolferton en Raspoetin

Tot de vele eigendommen van de Britse Koninklijke familie behoort een landgoed in Sandringham in County Norfolk, niet ver gelegen van de Noordzeekust in Oost-Engeland. Het dorp Wolferton had ooit het dichtst bijgelegen treinstation bij het landgoed en daarom bevond zich hier een Royal Station, waar de Koninklijke trein arriveerde. Op een dag kwam er echter een ongenode gast aan op het station. Het betrof de Russische monnik Raspoetin, die vroeg om de koning te spreken. Men wilde echter niets met de griezelige monnik te maken hebben en hij werd prompt weer op de volgende trein naar Londen gezet.

Toen koning George VI in 1952 stierf, werd zijn lichaam per trein vervoerd van het Royal Railway Station in Wolferton naar Londen. In 1966 werd de spoorlijn opgeheven en het bijbehorende station gesloten. Het station werd een museum waar je het interieur van de Koninklijke treinen kon bewonderen, inclusief de reiswieg van koningin Victoria. Ook het museum werd weer gesloten en het stationsgebouw is nu een privéwoning die niet toegankelijk is voor het publiek.

Portsmouth en de grote plons

Portsmouth Harbour is een treinstation waarvan de perrons bijna tot aan de kade doorlopen. De locatie wordt als een veiligheidsrisico beschouwd omdat de veerboten dicht langs de sporen varen. Daarom zijn er plannen om het station vanaf de waterkant iets verder landinwaarts te verplaatsen. Er is een grapje over het station. Een oudere dame vraagt aan de conducteur: "Stopt de trein in Portsmouth Harbour?". Deze antwoordt: "Ik hoop van wel, anders komt er een grote plons".

De poëtische halte bij Dilton Marsh

De Britse spoorwegdichter Sir John Betjeman (1906-1984) schreef ooit het volgende gedicht over het treinstation van Dilton Marsh Halt aan de spoorlijn van Salisbury naar Westbury (Bath) in West-Engeland: (uittreksel)

,, Was it worth keeping the Halt open
We thought as we looked at the sky
Red through the spread of the cedar-tree,
With the evening train gone by? ...

There isn't a porter. The platform is made of sleepers.
The guard of the last train puts out the light.
And high over lorries and cattle the Halt unwinking
Waits through the Wiltshire night. ...

And when all the horrible roads are finally done for,
And there's no more petrol left in the world to burn,
Here to the halt from Salisbury to Bristol
Steam trains will return."

Terwijl *British Railways* veel kleine spoorweghaltes sloot, ontsprong het weinig bezochte Dilton Marsh Halt de dans - misschien wel omdat het in het gedicht van John Betjeman was vereeuwigd. Vroeger was hier nog niet eens een kaartautomaat. Bij de halte hing een briefje 'Willen passagiers alstublieft kaartjes kopen bij mevrouw H Roberts, Holmdale, 7e huis op de heuvel'. In 1994, 10 jaar na de dood van Betjeman, werd er eindelijk een ordentelijk perron aangelegd. Betjeman 's dochter opende het nieuwe station, droeg het gedicht voor en onthulde een plaquette met de tekst van het gedicht.

4.3 Midden- en Noord-Engeland

Preston en het standbeeld voor Wallace en Gromit

De regisseur Nick Parker, beroemd van de animatiefilms met de kleifiguren van Wallace en Gromit, komt uit Preston in Noordwest-Engeland (Lancashire). Enkele jaren geleden waren er plannen om een standbeeld van Wallace & Gromit in het plaatselijke treinstation te plaatsen. De spoorwegmaatschappij die het station exploiteerde was positief over dit plan. Maar zo'n sculptuur is nog steeds niet in Preston gerealiseerd. In de stationsbar hangt wel een afbeelding van Wallace & Gromit aan de muur. In 2013 waren er wel tachtig beelden van Gromit te zien in Bristol, die beschilderd waren door allerlei beroemdheden.

Manchester Liverpool Road Station – het oudste stationsgebouw ter wereld

Dit gebouw uit 1830, is het oudste bestaande stationsgebouw ter wereld. Het station was echter ook een van de eerste dat werd gesloten. De laatste passagierstrein stopte al in 1844. Tot 1975 was het station nog in gebruik voor goederenvervoer. Tegenwoordig is het een wetenschapsmuseum.

Liverpool Edge Hill - het oudste nog in gebruik zijnde station ter wereld

Het Edge Hill Station in Liverpool, gebouwd in 1836, wordt beschouwd als het oudste nog in gebruik zijnde treinstation ter wereld. Tegenwoordig is Lime Street Station echter het belangrijkste treinstation van de stad. Vanwege de helling tussen Edge Hill en Lime Street werden de locomotieven in Edge Hill oorspronkelijk losgekoppeld. De wagons bereikten Lime Street met behulp van de zwaartekracht en tijdig remmen. De terugweg verliep met behulp van lieren. Tegenwoordig maken nog slechts weinig passagiers gebruik van Edge Hill, aangezien het station zeer dicht bij Lime Street ligt en er nog maar een paar treinen stoppen. Trouwens *Getting off at Edge Hill* (Uitstappen bij Edge Hill) is ook het straattaal equivalent van *voor het zingen de kerk uit.*

Huddersfield Station en de tempel van John Betjeman

Terwijl in de 19e eeuw in het zuiden van Engeland de neogotische stijl populair was voor treinstations, ging de voorkeur in het noorden van het land meer uit naar de neoklassieke architectuur. Een goed voorbeeld hiervan is Huddersfield Railway Station, dat in 1847 werd geopend en dagelijks door 6.000 reizigers wordt gebruikt. De entree doet denken aan een Griekse tempel, en heeft 6 Korinthische zuilen. De Engelse dichter John Betjeman omschreef de gevel van het stationsgebouw als "The greatest of all stations in England". Betjeman moet het echter doen met een beeld op het treinstation van St Pancras....

Sheffield en de treinspotters

In Groot-Brittannië worden spoorwegfans ook wel treinspotters genoemd, of anoraks naar hun typische kleding. Als jonge man was Michael Palin, ooit lid van Monthy Python en nu producent van BBC-reisdocumentaires, een van de treinspotters. Vanuit zijn thuisstation in Sheffield verkende hij Midden-Engeland. Hij verbleef vaak op het station van Retford, waar de locomotieven van Flying Scotsmen voorbij reden. *Trainspotting* is ook de titel van twee films van regisseur Danny Boyle. Over de betekenis van de titel bestaan de nodige speculaties. Zo zou deze betrekking hebben op de rij wachtenden voor een werkloosheidsuitkering vlak bij het treinstation van Edinburgh of naar het zoeken naar een ader door een drugsverslaafde. Volgens scenarioschrijver Ray Welsh zocht hij echter gewoon naar een pakkende titel.

Newcastle - kasteel moet plaatsmaken voor station

Newcastle upon Tyne in Noord-Engeland ligt bovenaan de oevers van de rivier de Tyne. In de 19e eeuw stond er een kasteel op de steile oever van de rivier, dat ooit diende om de stad tegen de Schotten te verdedigen. Maar de ruimte bij de rivier is zo schaars dat het kasteel halverwege de 19e eeuw plaats moest maken voor het treinstation. Koningin Victoria woonde de opening bij in augustus 1850. Desondanks werd de naam van de stad niet omgedoopt tot Newstation.

Ten zuiden van de rivier ligt Gateshead en de twee steden zijn met elkaar verbonden door twee spoorbruggen over de Tyne. De eerste, hoge brug, werd ontworpen door Robert Stephenson (1803-1859), de enige zoon van de uitvinder van de locomotief George Stephenson.

Warrington – Niet zoenen!

Op 13 februari 2009, net op tijd voor Valentijnsdag, werden: *'No kissing'*-borden geplaatst tijdens renovatiewerkzaamheden van het Warrington Bank Quay Station in Engeland. Deze golden vooral voor de parkeerplaats en de taxistandplaatsen. Sinds de introductie van de snelle pendolino-treinen tussen Londen en Schotland, was het aantal reizigers op het station sterk gestegen en leidde langdurig afscheid nemen herhaaldelijk tot doorstroomproblemen van het verkeer,

Franse bloggers meenden dat het verbod geen verrassing was, want in het preutse Engeland was het adagium: *'No sex please, we are Brittish'*. De lokale autoriteiten zagen het verbod met een twinkeling in hun ogen aan en zeiden dat het zeker niet streng zou worden gehandhaafd. Het treinstation van de voorstad Deerfield van Chicago stond model voor deze maatregel, waar al in 1979 een kusverbod op het station werd ingevoerd. Dit haalde destijds de landelijke pers, zelfs Amerikaanse media zoals TIME berichtten erover.

Zoen verbodsbord op het treinstation van Warrington (Wikipedia)

Milton en de kartonnen spoorkaartjes

In 1836 werd Thomas Edmondson (1792-1851) hoofd van het kleine station Milton (nu Brompton Station) op de nieuw aangelegde lijn Newcastle-Carlisle. Edmondson stoorde zich echter aan de onpraktische kleine stukjes papier die, nog afkomstig uit het postkoets-tijdperk, tot dan toe als kaartjes in gebruik waren. Dus begon hij zelf een machine in elkaar te knutselen die kleine kartonnen kaartjes van ongeveer 3 cm breed en 5,7 cm lang kon afdrukken en nummeren. Bovendien maakte Edmondson een doos met vakjes om de kaartjes in te bewaren en een persmachine om de kaartjes te dateren. Dit systeem had niet alleen voordelen bij de fabricage van kaartjes, maar ook bij het overzicht, de boekhouding en de controle van kaartjes in de trein. Al snel namen andere stations op de lijn het systeem over, Edmondson werd gepromoveerd tot directeur van de Manchester and Leeds Railway en het systeem werd op alle stations van deze spoorwegmaatschappij geïntroduceerd. Uiteindelijk verspreidde het kaartje zich over heel Europa en werden 'Edmondsonkaartjes' bijna 150 jaar lang uitgegeven tot in de jaren tachtig. Dergelijke kaartjes worden om nostalgische redenen nog steeds gebruikt door museum spoorweglijnen, bijvoorbeeld door de Harz-smalspoorwegen naar de beroemde Brocken-berg.

Sunderland-Monkwearmouth en de spoorwegkoning

Het district Monkwearmouth had ooit het hoofdstation van de Noord-Engelse stad Sunderland op zijn grondgebied. Het ontvangstgebouw in klassieke stijl met portaalzuilen was een van de mooiste van het land. Het kan vandaag de dag nog steeds als museum worden bewonderd, met loketten uit het Edwardiaanse tijdperk aan het begin van de 20e eeuw, dat bewaard gebleven zijn. Aanleiding voor de prachtige uitbreiding van Monkwearmouth in de jaren 1840 was de eerzucht van de plaatselijke spoorwegfinancier en parlementariër George Hudson (1800-1871), beter bekend als de 'spoorwegkoning'. Maar in de jaren 1850 barstte de eerste Britse spoorwegzeepbel en kwam ook aan het licht dat Hudson andere parlementsleden had omgekocht. Dus het lot keerde zich tegen hem en hij moest een aantal jaren in ballingschap doorbrengen op het Europese vasteland. Sunderland behield nog wel lange tijd het prachtige treinstation. In 1967 maakte de 'Beeching Axe' alsnog een einde aan het actieve treinverkeer. De 'Beeching Axe', was genoemd naar Richard Beeching, de auteur van een rapport over besparingsmogelijkheden van de spoorwegen. Het station doet sindsdien dienst als museum.

Apple (-in-Westmoreland) en de bisschop

Op 13 mei 1978 kreeg de anglicaanse bisschop Eric Treacy een hartaanval en stierf op het treinstation Apple (-in-Westmoreland) in Noord-Engeland (Cumbria). Hij had deelgenomen aan een nostalgische treinreis met onder meer de laatste stoomlocomotief gebouwd door de British Railways, de BR 92 220 Evening Star. Een gedenkplaat in het treinstation herinnert aan deze gebeurtenis, aangezien Treacy populair en bekend was onder spoorwegliefhebbers. Behalve predikant was hij ook een gerespecteerd spoorwegfotograaf in Engeland. Als hij fotografeerde, droeg hij een witte armband zodat het treinpersoneel hem herkende. Ze stuurden hem als trainspotter interessante informatie toe over de treinen die hij fotografeerde, zoals locomotiefnummers en reisbestemmingen. Als wederdienst stuurde hij afdrukken van zijn foto's. Zijn 12.000 spoorwegfoto's werden geschonken aan het National Railway Museum in York.

Kingston upon Hull en Philip Larkin

Philip Larkin (1922-1985) wordt gerekend tot de belangrijkste Engelse dichters van de 20e eeuw. Vanaf 1955 werkte hij als universiteitsbibliothecaris in Hull, Noord-Engeland. Op zaterdag 13 augustus 1955 nam Larkin de trein van het treinstation van Hull's Paragon naar Londen. Deze reis inspireerde hem tot het schrijven van het gedicht The Whitsun Weddings, dat vandaag de dag nog steeds populair is in Engeland.

That Whitsun, I was late getting away:
Not till about
One-Twenty on the sunlit Saturday
Did my three-quarters empty train pull out,
All windows down, all cushions hot, all sense
Of being in a hurry gone. We ran
Behind the backs of houses, crossed a street
Of blinding windscreens, smelt the fish-docks; thence
The river's level drifting breadth began,
Where sky and Lincolnshire and water meet".

In 2010, op de 25e sterfdag van de dichter, werd een standbeeld van Larkin gemaakt door beeldhouwer Martin Jennings onthuld op het treinstation van Hull. Jennings had ook het Betjeman-standbeeld gemaakt in het treinstation van St. Pancras in Londen. In de schaduw van het Larkin-beeld is de regel te lezen:
That Whitsun, I was late getting away...

Alnwick Station en de second-hand British Library

In Alnwick in het noorden van Engeland is een boekenantiquariaat gehuisvest in het voormalige treinstation, dat werd gebouwd in 1887 en aan het einde van de tachtiger jaren werd gesloten. De winkel heet *Barter* en werd in 1991

97

geopend met een oppervlakte van maar liefst 2700 m². De oorspronkelijk bewaard gebleven stations architectuur geeft de boekwinkel een bijzondere sfeer. De New Statesman beschreef Barter als *'The British Library of Second-Hand bookshops'*.

Crewe - het Mekka van trainspotters

Groot-Brittannië staat bekend als het Mekka voor liefhebbers van openbaar vervoer. Hier zijn niet alleen treinspotters, maar ook vliegtuigspotters, busspotters en waterwegspotters (ook wel bekend als *gongoozlers* – afgeleid van een dialect in Lincolnshire). De trainspotters, ook wel anoraks genoemd vanwege hun kenmerkende kleding, zijn met ongeveer 200.000 het grootst in aantal. Het station van Crewe in het noordwesten van Engeland, niet ver van Manchester, geldt als hun Mekka. Het treinstation gebouwd in 1837, is vanuit technisch-historisch oogpunt één van de meest interessante stations ter wereld vanwege de goed bewaard gebleven faciliteiten. Crewe was het eerste treinstation met een eigen stations hotel, de Crewe Arms, dat werd geopend in 1838 en nog steeds bestaat. Ook als spoorwegknooppunt met zeer complexe spoornetwerken en ouderwetse perronopgangen heeft Crewe aantrekkingskracht op spoorwegfans. Er kleeft echter ook een keerzijde aan de historische faciliteiten: in 2008 werd Crewe door reizigers uitgeroepen tot een van de 10 slechtste stations in Groot-Brittannië om over te stappen.

Crewe treinstation (Wikipedia)

4.4 Schotland

Edinburgh Waverly en de anonieme auteur

Edinburgh Central Station (Waverly Station) ligt in een vallei midden in de stad. Het wordt dagelijks door 38.000 passagiers bezocht en is met een oppervlakte van een hectare het op één na grootste treinstation van Groot-Brittannië. Het is ook het enige treinstation in het land dat is vernoemd naar een boek. Sir Walter Scott (1771-1832) was een beroemde Schotse romanschrijver. In zekere zin was hij zelfs de eerste schrijver met een internationale carrière. In 1814 schreef hij anoniem zijn eerste roman getiteld *Waverly*. De roman gaat over de Jacobitische Opstand van 1745 en Waverly is de naam van de Engelse hoofdrolspeler. Het boek was een groot succes. De volgende romans waren ook succesvol bij het publiek, maar hij publiceerde ze nog steeds anoniem onder de tijdelijke aanduiding 'Author of Waverly'. Maar al snel werd duidelijk wie er achter deze romans zat. Het treinstation van Edinburgh werd later naar dit boek vernoemd.

Tegenwoordig is Sir Walter Scott bij de oudere generatie vooral beroemd vanwege de Tv-serie *Ivanhoe* uit de jaren 60 met een jonge Roger Moore in de hoofdrol.

Treinstation en hotel (Afbeelding Wikipedia)

☞ Tegenover het Waverly Station ligt het luxe Balmoral Hotel (5 sterren). Dit hotel, gebouwd in 1902, heeft een klokkentoren die al van ver te zien is. De minutenwijzer van de klok loopt altijd twee minuten voor (behalve op oudejaarsavond) opdat reizigers de trein niet missen.

Edinburgh Haymarket en het Franse accent

Voordat de tunnel naar Waverly Station werd gebouwd in 1846, was Haymarket Station, geopend in 1842, het eindpunt van de lijn Glasgow-Edinburgh. In de afgelopen jaren heeft Haymarket een sterke toename van 50% van het aantal reizigers gezien tot 1,6 miljoen passagiers per jaar. Wellicht is dit te danken is aan Vincent Houplain, een Fransman die sinds 2001 de mededelingen op dit station omroept. De pendelaars worden aangenaam verrast door het Franse accent waarmee hij zijn aankondigingen uitspreekt. Houplain heeft al een schare fans die zijn accent 'sexy' vinden. Hij heeft inmiddels de bijnaam 'inspecteur Clouseau' gekregen, naar de rol van Peter Sellars in de Pink Panter films. Helaas voor de aanbidders is Houplain al getrouwd met een Schotse.

☞ Overigens is het treinstation van Haymarket met Rotterdam CS een van de weinige stations met een perron 0.

Glasgow – de Heilanman's paraplu

Het centraal station van Glasgow, geopend in 1879, heeft twee spoorniveaus. Dat kwam goed van pas in 2002, toen het lagere niveau na hevige regenval onder water kwam te staan en er dus een hoger gelegen alternatief beschikbaar was. De glazen stations brug over Argyle Street biedt ook bescherming tegen weerelementen, wat in Schotland geen overbodige luxe is. Het wordt daarom ook wel de *Heilanmansparaplu* genoemd, omdat het ooit een populaire ontmoetingsplaats was voor Hooglanders die waren gemigreerd ('Heilan man').

Jordanhill en Wikipedia

Jordanhill is een buitenwijk van Glasgow en heeft volgens Wikipedia sinds 1887 een treinstation. Het overeenkomstige Wikipedia-item (volgens de informaticus Ewan MacDonald) was de miljoenste Wiki-pagina in het Engels Er zijn momenteel (januari 2021) in totaal ruim 52 miljoen Wiki-pagina's waarvan ruim 6 miljoen in het Engels. De daaruit resulterende bekendheid heeft er echter ook toe geleid dat de pagina vaak aangevuld wordt met foutieve informatie. Er zijn inmiddels ook stemmen opgegaan om het treinstation van Jordanhill te voorzien van een gedenkplaat om dit heuglijke feit te vieren.

Dingwall en de theeschenkerij

In het noorden van Schotland, niet ver van Inverness, komen de *Kyle of Lochlash Railway* en de *Far North Line* in de hooglanden samen. Hier bevindt zich het kleine treinstation van Dingwall. Tijdens de Eerste Wereldoorlog reisden heel wat soldaten en matrozen via dit station, waar het Rode Kruis hen opkikkerde met een kopje thee. Op het treinstation hangt een koperen plaquette met de volgende inscriptie: '*Dit station was van 20 september 1915 tot 12 april 1919 in gebruik als theeschenkerij voor zeelieden en soldaten, in die periode werden 134.864 mannen van een kop thee voorzien.*'

4.5 Wales en het eiland Man

Llanfairpwll ...te veel letters en toeristen

Het noordelijke Welshe dorp Llanfairpwll had in de 19e eeuw een bijzonder lange naam gekregen *(Llanfairpwllgwyngyllgogerychwyrndrobwillantysilioogofg och)* om de aantrekkingskracht op toeristen te vergroten. Dit miste zijn uitwerking niet, want toeristen stappen vaak uit op het treinstation om gefotografeerd te worden naast het ellenlange stations bord. In 2020 tijdens de Covid-19 zag de spoorwegmaatschappij zich genoodzaakt het station te sluiten omdat vanwege het grote aantal toeristen *social distancing* onmogelijk werd op de perrons.

Snaefell Mountain Railway en de zeven koninkrijken

Op heldere dagen zou je vanaf het bergstation van de 8 km lange 1067 mm lange Snaefell Mountain Railway op het eiland Man, gebouwd in 1895, niet alleen het eiland zelf moeten kunnen zien, maar ook Ierland, Schotland, Engeland en Wales. Men spreekt ook wel van het *uitzicht over de zeven koninkrijken,* waarbij naast de vijf voornoemde ook de hemel en de aarde meegerekend worden.

4.6 Noord-Ierland

Het Centraal Station Belfast aan de rand van de stad

Belfast heeft verschillende treinstations. Ondanks zijn naam ligt het Centraal Station aan de rand van de stad. Het is niet naar de geografische locatie vernoemd, maar naar de Belfast Central Railway. Het andere treinstation van Belfast, Great Victoria Street Station, ligt veel dichter bij het centrum.

Waterside Station – iedereen tevreden

Aangezien drie andere eindstations in de stad gesloten waren en er nog maar één station over was, heet het station van Londonderry niet langer *Waterside Station*, maar *Londonderry Station*. De naam lag echter politiek gevoelig. Katholieken noemen de stad Derry, terwijl protestanten het op Londonderry houden. Op de bestemmingsborden van de treinen naar de stad stond daarom Derry/Londonderry. In 2019 is er een nieuw station geopend op dezelfde plek met de oorspronkelijke naam *Waterside Railway Station.*

4.7 Republiek Ierland

Van Kingsbridge tot Heuston en de Paasopstand

In 1966, op de 50e verjaardag van de Ierse Paasopstand, werden de treinstations van Dublin en enkele andere plaatsen hernoemd om de opstandelingenleiders te herdenken die in 1916 door de Britten waren geëxecuteerd. Het voormalige Kingsbridge-station in het westen van Dublin, geopend in 1848, werd Heuston Station (genoemd naar Sean Heuston, 1891-1916), en het station in het centrum werd Connolly Station (naar James Conolly, 1868-1916).

Dublin – It's a long way to Oslo

Er is een bar in Dublin Connolly Station genaamd *Oslo*. Begin 2007 waren de toiletten in het station wegens reparatiewerkzaamheden niet toegankelijk. Bij de toiletingang stond een bordje '*Gesloten voor reparatie-werkzaamheden. Gebruik alstublieft de toiletten in Oslo*'.

Tralee - het meest westelijk treinstation van Europa

Er rijden treinen van het station Heuston in Dublin naar Tralee, het meest westelijke station van Europa. Het ligt dicht bij de 10e lengtegraad ten westen van Greenwich, en dus verder naar het westen dan enig ander treinstation in Portugal. Toen het station in 1859 werd geopend, heette het Tralee South. Net als de treinstations in Dublin werd het in 1966 vernoemd naar Roger Casement, een Ierse opstandelingenleider die in 1916 door de Britten was geëxecuteerd en sindsdien heet het officieel Casement Station. Maar in tegenstelling tot Dublin is er maar één treinstation in Tralee, dus de nieuwe naam is niet aangeslagen en de lokale bevolking zegt nog steeds *Tralee Station.*

De monorail van Listowel naar Algerijns voorbeeld

Er rijden bussen van Tralee naar Listowel. Van 1888 tot 1924 reed 's werelds eerste monorail, de Listowel-Ballybunion Railway, vanaf het station van Listowel naar de kustplaats Ballybunion. De uitvinder, de Fransman Charles Lartigue, bouwde in de 19e eeuw ook een 90 km lang traject in de Algerijnse woestijn. Daarom stond de lijn ook wel bekend als de Lartigue-monorail. De Ierse monorail was echter slechts 10 mijl lang en de bouwkosten bedroegen £ 30.000. Tijdens de rit moest ervoor worden gezorgd dat het gewicht van de passagiers ongeveer gelijk over de linkerkant en rechterkant verdeeld was. Ondanks deze evenwichtsvoorwaarde werden er zelfs koeien vervoerd. De spoorlijn werd beschadigd tijdens de Ierse burgeroorlog en werd daarna opgeheven. Toen in 1988 het eeuwfeest van de spoorlijn werd herdacht, gingen er stemmen op voor wederopbouw. In 2003 was het eindelijk zover dat een 1 km lang demonstratietraject in Listowel op 100 meter van het voormalige treinstation in gebruik werd genomen. Er is een museum bij waar men modellen en memorabilia van de oorspronkelijke Lartigue lijn kan bewonderen.

Bundoran en het keerpunt in de tijd

Het kleine dorpje Bundoran (1700 inwoners) aan de kust van Donegal in het noordwesten van Ierland kreeg in 1866 een treinstation. In 1957 werd het station afgebroken en kwam er een parkeerplaats voor in de plaats. Dat is eigenlijk jammer, want het station verdient nog steeds bestaansrecht vanwege een mijlpaal in de spoorweggeschiedenis. Maar weinig spoorwegexperts weten dat hier de grondslag gelegd is voor de moderne dienstregeling en de tijdsindeling. Dat zit zo. Op een dag, in het jaar 1872, was de Schotse spoorwegingenieur Sandford Fleming in Bundoran. Om 17:25 wilde hij de trein naar Belfast nemen. Maar Fleming wachtte tevergeefs op de trein omdat er een drukfout in de dienstregeling was geslopen. De trein vertrok niet om 5:25 p.m., maar om 5.25 a.m. Fleming was genoodzaakt om een nacht in het dorpje door te brengen en begon na te denken over hoe je de nadelige effecten van zulke kleine typografische fouten kon voorkomen. Fleming was ook betrokken bij de aanleg van Canada's eerste transcontinentale spoorweg. Omdat daar vergelijkbare problemen waren met lokale tijden en tijdzones kwam Fleming op het idee van een wereld standaardtijd, de Universal Standard Time en de introductie van tijdzones. Bovendien zou men gebruik moeten maken va een 24-uurs tijdsaanduiding. Zo werd 5:25 p.m. dus voortaan 17:25 en werd het probleem van Bundoran opgelost. In 1879 stelde Fleming zijn Universal Standard Time voor aan het Royal Canadian Institute en al in 1884 werd de Universal Standard Time wereldwijd ingevoerd. De tijdzones die vandaag nog gelden in de VS en Canada zijn te danken aan Fleming. De inventieve Fleming ontwierp overigens in 1850 ook nog een vroege voorloper van het skateboard.

5. Zuid-Europa

5.1 Italië (met San Marino en Vaticaanstad)

Het pauselijke treinstation in het Vaticaan

Vaticaanstad is met 0,44 km2 het kleinste land ter wereld, maar heeft desondanks wel een treinstation. Het verdrag van Lateranen uit 1929 tussen Italië en de Heilige Stoel bepaalde dat de nieuwe staat over een spoorverbinding moest beschikken. Het traject werd geopend in 1934. Hiervoor moesten de muren van het Vaticaan worden doorbroken en een grote metalen poort sluit sindsdien de doorgang af. De 100 meter van de lijn die gelegen zijn binnen de muren van het Vaticaan vallen onder de Heilige Stoel, terwijl de resterende 600 meter onder de Italiaanse staatsspoorweg FS valt. De Italiaanse staat financiert de infrastructuur en levert de voertuigen, terwijl het Vaticaan de exploitatiekosten draagt. Het traject leidt naar het Romeinse treinstation San Pietro, vanwaar er een verbinding is met de voormalige pauselijke zetel van Viterbo. De spoorlijn heeft sinds de opening echter weinig passagiersverkeer gezien. Tegenwoordig wordt het voornamelijk gebruikt om de werknemers van het Vaticaan van goederen te voorzien. Het relatief kleine treinstation van Vaticaanstad is aan de binnenkant bekleed met marmer en aan de buitenkant met travertijn. In 2002 stapte Johannes Paulus II daar op een trein die hem naar Assisi zou brengen. Een benzinestation in het Vaticaan, waar uitverkoren burgers belastingvrij benzine kunnen tanken, brengt echter aanzienlijk meer geld in het laadje.

Overigens was paus Gregorius XVI (1831-1846) nog een fel tegenstander van de komst van de spoorwegen omdat deze volgens hem de verspreiding van het ongeloof zouden bevorderen.

De voormalige spoorweg van San Marino

Terwijl Hitler vooral de aanleg van wegen stimuleerde, was de Italiaanse dictator Mussolini (1883-1945) meer een spoorwegfanaat. Zelfs vandaag de dag houdt het gezegde stand in Italië dat onder Mussolini tenminste de treinen nog op tijd reden. Onder de *'Duce'* werden ook het Vaticaan en San Marino aangesloten op het spoorwegnet, mede om propagandaredenen. In december 1928 begon de bouw van een kronkelende, geëlektrificeerde smalspoorlijn van Rimini naar de stad San Marino. De 32 km lange spoorlijn werd in 1932 geopend. De spoorlijn werd echter verwoest door een geallieerd bombardement in 1944. De lijn werd tussen 1958 en 1960 ontmanteld. Een deel moest plaatsmaken voor een snelweg en een kort traject werd veranderd in een fietspad. In de benedenstad San Marino staan nog restanten van het voormalige stationsgebouw.

Milano Centrale - de imitatie-imitatie

Aan het begin van de 20e eeuw probeerden nieuwe monumentale eindstations in Europa en Noord-Amerika elkaar te overtreffen. De bouwstijlen werden ook onderling gekopieerd. Het centraal station van Milaan, waarvan de voltooiing om politieke en economische redenen langdurig was vertraagd, zou het klapstuk van de stations architectuur moeten worden, de ultieme poging om alle andere stations te overtroeven. Het voorbeeld voor het monumentale treinstation, dat in 1935 werd geopend, was het Union Station in Washington, dat op zijn beurt weer op Romeinse architectonische voorbeelden geïnspireerd was, zoals de Boog van Constantijn. De bouwstijl van het treinstation in Milaan als een groteske imitatie van een Amerikaanse kopie van de Romeinse architectuur was moeilijk te classificeren en werd uiteindelijk beschreven als assiro-milanees. De bouwstijl wordt wel eens aan Mussolini toegeschreven, maar in die tijd werd er al in een modernere stijl gebouwd in Italië, zoals in 1934 voltooide treinstation Santa Maria Novella in Florence.

Roma Termini en de Osram-lamp

Roma Termini is het drukste treinstation van Zuid-Europa met bijna een half miljoen reizigers per dag. Al in de jaren dertig begon de nieuwbouw op de Esquiline-heuvel naar het ontwerp van de architect Mazzoni. Het hoofdgebouw met de ontvangsthal in moderne stijl werd echter pas in het begin van de jaren vijftig opgeleverd. Dit monumentale gebouw kreeg later de bijnaam *dinosauro*. Ondanks de moderne vormgeving was er geen markant ontmoetingspunt. Dit werd door de bezoekers alsnog gevonden in de vorm van een hoge lamp op het stationsplein, bijgenaamd de Lampada Osram. Deze was eerst een ontmoetingsplaats voor Sardijnse en later Aziatische immigranten. De Lampada Osram wordt ook bezongen in Italiaanse liedjes, zoals van Claudio Baglione.

Het platte dak Napels – eerst de Vesuvius zien

In 1954 werd een wedstrijd uitgeschreven voor de herinrichting van de gebouwen van het centraal station van Napels aan de Piazza Garibaldi. Gerenommeerde Italiaanse architecten zoals Battaligni, die betrokken was bij de bouw van Roma Termini, en de spoorwegarchitect Roberto Narduzzi namen deel. De beroemde ingenieur Pier Luigi Nervi plande ook een hoge stationshal. Maar geen van deze voorstellen werd uitgevoerd, omdat het zicht op de Vesuvius niet mocht worden belemmerd. Het bouwbedrijf van de Italiaanse Spoorwegen ontwierp uiteindelijk zelf het treinstation, dat eigenlijk alleen uit een plat dak bestaat.

Napoli Afragola - Kathedraal in de woestijn

In de voorstad Afragola van Napels werd in 2017 een station voor de hogesnelheidslijn geopend, ontworpen door de Brits-Iraakse architecte Zaha Hadid. Dit spectaculaire treinstation is ingebed in het landschap van Campania. Vanwege de slechte verbindingen beschouwen sommigen het als een voorbeeld van slechte planning, als een kathedraal in de woestijn.

Turijn - het bedorven stationsfeestje

Het treinstation Porta Nuova in Turijn is het derde drukste treinstation van Italië met meer dan 190.000 passagiers per dag (na Roma Termini en Milano Centrale). Het station werd pas officieel in gebruik genomen in februari 2009. Weliswaar vertrokken de eerste treinen al sinds december 1864 vanaf het station, maar de Turinezen waren toen allesbehalve in de stemming voor een feestje. Omdat bekend gemaakt was dat het zijn status van hoofdstad van Italië zou gaan verliezen aan het meer centraal gelegen Florence. Omdat de eenwording van Italië in het noordwesten begonnen was, werd Turijn in eerste instantie de hoofdstad. Maar het was vanaf het begin af aan duidelijk dat de stad deze rol niet voor eeuwig kon spelen.

Het krappe monument aan de Brenner

Het meesterwerk van de Zwabische spoorwegingenieur Karl Etzel was de aanleg van de Brennerspoorlijn van 1864-1867. Maar Etzel zou de voltooiing ervan niet meer meemaken. In november 1864 kreeg hij zijn eerste beroerte. Daarom vroeg hij om ontslag en was hij van plan in Stuttgart-Bad Cannstatt in de door hem ontworpen Villa Etzel zijn oude dag door te brengen. Maar toen hij in mei 1865 in de trein van Wenen naar Stuttgart zat, kreeg hij een tweede beroerte en moest hij de reis onderbreken op het station van Kemmelbach, waar hij korte tijd later stierf. Etzel 's graftombe op de Praagse begraafplaats in Stuttgart is gehouwen uit verschillende gesteenten afkomstig van de Brenner. In 1892, ter gelegenheid van de 25ste verjaardag van de Brennerspoorweg, werd op het treinstation van Brenner een monument opgericht voor Etzel. Daar is weliswaar weinig ruimte op het station, maar onder een boog van de perronoverkapping was nog ruimte voor de buste. Na de Eerste Wereldoorlog werd Zuid-Tirol en daarmee het treinstation van Brenner onderdeel van Italië. De Italianen lieten zich de kans niet ontgaan een Italiaanse vertaling toe te voegen aan de Duitse inscriptie op het Etzel-monument.

Bruno Bruni - Gradara en de wiebelende kopjes

Gradara is een heel eenvoudige stopplaats op de hoofdlijn van Rimini naar Ancona. Als je hier uitstapt, zie je een stationswachtershuisje dicht bij de sporen staan. Hier groeide de in 1935 geboren Italiaanse schilder en graficus Bruno Bruni op. Zijn vader had als oorlogsinvalide van de Eerste Wereldoorlog een baan als spoorwegwachter gekregen om in zijn levensonderhoud te voorzien. Als de treinen vlak lang het huis reden, wiebelden de kopjes op de keukentafel van de familie Bruni. Maar Bruno was als kind zo gewend aan de treinen geraakt, dat hij later niet in slaap kon vallen zonder het lawaai van de trein. Later leerde hij zijn desondanks huidige levensgezellin kennen op het treinstation van Hannover.

Bologna en de stilstaande klok ter nagedachtenis

Bologna is een centraal knooppunt binnen het Italiaanse spoorwegnet. Belangrijke noord-zuid- en oost-westlijnen kruisen hier elkaar. Neofascistische terroristen kozen daarom het station voor een verwoestende aanslag in 1980 met als doel het land te ontregelen. Op 2 augustus 1980 ontplofte een TNT-bom van 20 kg in een koffer die geplaatst was tegen de muur van de wachtkamer. Er kwamen 85 mensen om, waaronder veel toeristen op doorreis en 200 mensen raakten gewond. De rechtervleugel van het stationsgebouw werd volledig verwoest. Het middelste gedeelte van het gebouw bleef grotendeels intact. De stationsklok aan de linkerkant van dit middelste deel van het gebouw bleef stilstaan op het tijdstip van de explosie (10:25). De klok is nooit meer gestart en herinnert zo nog steeds aan het tijdstip waarop de gruweldaad plaatsvond.

Foggia en de verre stalagmiet

Er zijn talloze grotten in het Karst gebied van Apulië. De grootste, de Grotte di Castellana, werd verrassend genoeg pas in 1938 ontdekt. Een gat in de grond was al langer bekend, maar de lokale bevolking gebruikte het als vuilstortplaats. Toen de speleoloog Franco Anelli de grot ontdekte op 23 januari 1938, duurde het nog eens 12 jaar om het afval dat in het gat was gegooid op te ruimen. Tegenwoordig is de grot, waarvan ongeveer 3 km voor het publiek toegankelijk is een belangrijke toeristische attractie in Apulië. In de stationshal van Foggia verwijst een stalagmiet op de overvloed aan grotten in Apulië. Maar Foggia ligt op meer dan 100 km van de Castellana Grotte. Zo'n stalagmiet zou eigenlijk toepasselijker zijn in het nabijer gelegen Bari.

Triest Centraal en zijn Duitse architect

De architectuur van het Centraal Station van Triest heeft een Italiaanse uitstraling. De verantwoordelijke architect Wilhelm von Flattich kwam echter uit Stuttgart. Het station werd in 1878 op een opgespoten stuk land gebouwd als eindpunt van de Oostenrijkse Zuidelijke Spoorweg. Triëst behoorde toen nog tot Oostenrijk en was een belangrijke haven van het Oostenrijks-Hongaarse rijk.

Triëst Campo Marzio en het begrensde museum

Triëst beschikte ooit met het staatstreinstation Campo Marzio uit 1923 over een nog representatiever spoorweggebouw. Het was het eindpunt van de Wocheinerstaatsspoorweg, ook wel bekend als de Karst-spoorweg, die vanaf Jesenice door het Sloveense achterland naar Triëst liep. Ten gevolge van de nieuwe grens met Joegoslavië na de Eerste Wereldoorlog verloor de lijn zijn betekenis en werd het station in 1959 definitief gesloten. Tegenwoordig is er een spoorwegmuseum in gevestigd.

Matera - Het nieuwe station zonder spoorlijnen.

In het zuid Italiaanse stadje Matera heersten tot voor kort nog de middeleeuwen. Een groot deel van de bevolking leefde tot het midden van de vorige eeuw nog in grotten onder moeilijke omstandigheden. Maar daarna werd het opgestoten in de vaart der volkeren. Het werd uitgeroepen tot Unesco Werelderfgoed, Mel Gibson nam er de film *the passion of the Christ* op en in 2019 werd het zelfs uitverkozen tot Culturele Hoofdstad van Europa. Maar daarna werd de stad zwaar getroffen door de coronacrisis. De toeristen bleven weg. In 2016 is er een station gebouwd, maar daar is nog nooit een trein aangekomen omdat het niet is aangesloten op het landelijke spoornetwerk. De hoop is er nu op gevestigd dat het Europese coronaherstelfonds alsnog uitkomst zal bieden. Dat is van groot belang om de ontluikende creatieve industrie in Matera verder tot ontwikkeling te brengen.

5.2 Spanje

Het station met de zilveren rails

De eerste spoorlijn van het Spaanse koninkrijk werd in 1837 op Cuba geopend. In 1848 volgde de eerste spoorlijn op het Iberisch schiereiland tussen Barcelona en Mataró. De eerste spoorlijn vanuit Madrid werd in 1851 aangelegd naar Aranjuez, waar zich een koninklijk paleis bevond. De koningin verzocht om zilveren rails te gebruiken voor de lijn. Aan dit koninklijk verzoek werd op de laatste meters voldaan. Maar de volgende dag waren de zilveren rails alweer vervangen door ijzeren. Deze spoorlijn zou niettemin populair worden bij de Madrilenen, omdat er in het Aranjuez-gebied heerlijke aardbeien groeien. Zo kreeg de lijn dus al snel de bijnaam *'Tren de las Freses'* ,de aardbeientrein. De naam Aranjuez is wereldberoemd geworden door het befaamde gitaarconcert *Concerto de Aranjuez* van de Spaanse Componist Joaquin Rodrigo.

Madrid Atocha en kannibalistische schildpadden

Het treinstation Atocha in het zuiden van Madrid is het grootste treinstation op het Iberisch schiereiland, met 450.000 passagiers per dag (inclusief de metro). Een ondergrondse spoorlijn verbindt het met het noordelijke station Chamartin. De bouw van deze spoortunnel duurde zo lang dat het door de Madrilenen de bijnaam Tunel de la Risa (lachwekkende tunnel) kreeg. Voor de Expo 92 werd een hogersnelheidsverbinding met Sevilla tot stand gebracht. Planten uit de botanische tuin van de Expo werden later in de stationshal geplaatst, zodat Atocha een van de zeldzame stationshallen is met palmbomen. De tropische sfeer namen de Madrilenen echter te baat om hier schildpadden vrij te laten, waar men vanaf wilde. Er werden ooit 300

113

schildpadden geteld in de bassins. Daarmee ontstond er overbevolking en gingen de schildpadden zelfs over tot onderling kannibalisme. In 2018 werden de schilpadden daarom verplaatst naar een dierenpark.

☞ Op 11 maart 2004 haalde het station het wereldnieuws vanwege een terroristische aanslag waarbij 191 doden en ruim 2000 gewonden vielen. Er staat en monument voor het treinstation om de slachtoffers te herdenken.

Segovia-Guiomar – veeleisende naamgeving

Bij het zoeken naar een naam voor het nieuwe hogesnelheidsstation van Segovia, dat wederom ver van het stadscentrum ligt, werden de volgende criteria gehanteerd: het moet een vrouwelijke naam zijn, het moet iets te maken hebben met de geschiedenis van de stad en het mag geen religieuze connotaties hebben. De suggestie van Isabel la Catolica door de gemeente viel daarom meteen af. Uiteindelijk werd men het eens over Guiomar. Guiomar is een personage uit het werk van de Spaanse schrijver Antonio Machado (1875-1939). Machado kwam vaak met de trein naar Segovia, bracht hier een aantal jaren door en had er een geheime liefde: Pilar Valderrama, een getrouwde moeder van drie kinderen. In zijn boeken noemde hij haar Guiomar. Hiermee werd aan alle criteria ruimschoots voldaan.

Canfranc - de slapende reus

Aan het begin van de 20e eeuw was er een project van een snelle verbinding tussen Parijs en Madrid, die de Pyreneeën over de kortst mogelijke afstand zou doorsnijden. Aangezien Frankrijk normaalspoor had en Spanje breedspoor, was er een overslagstation nodig. Een plateau ten noorden van het kleine Spaanse dorp Canfranc, ten zuiden van de bergkam van de Pyreneeën, werd hiervoor als de meest gunstige plaats

114

beschouwd. Aangezien men enkele duizenden passagiers per dag voorzag en er overstap- en douaneformaliteiten moesten worden afgehandeld, was het station zeer ruim van opzet. Het werd uiteindelijk zelfs een van de grootste van Europa. De bouw werd in 1915 begonnen en het werd pas in 1925 geopend. Passagiers moeten aan de ene kant van het station uitstappen en, nadat ze de grensformaliteiten hadden doorlopen, aan de andere kant weer kunnen instappen. Maar door de wereldwijde economische crisis en de politieke omstandigheden voor de Tweede Wereldoorlog was het reizigersaanbod veel lager dan verwacht. Tijdens de Tweede Wereldoorlog deden er geruchten de ronde dat de nazi's hier in het geheim een goudschat hadden verstopt. Na de oorlog bleef de lijn in bedrijf, maar werd niet meer gebruikt voor internationale sneltreinen. Toen in 1970 aan de Franse kant een brug instortte, was het voorgoed afgelopen met het internationale verkeer. De voormalige spoortunnel werd uiteindelijk gebruikt voor de bouw van de Somport-wegtunnel en biedt nu huisvesting aan een ondergronds laboratorium. Scènes voor de film Doctor Zhivago, die in werkelijkheid gesitueerd is in Rusland, werden ook gefilmd op dit station. Canfranc is vandaag slechts de eindbestemming van een paar regionale treinen vanuit Zaragoza. Het stationsgebouw staat leeg en wordt herhaaldelijk bezocht door spoorwegliefhebbers. De restauratie is nu begonnen. Ook worden er weer verkennende gesprekken gevoerd over een eventuele terugkeer van het internationale treinverkeer.

Miranda de Ebro en de priesterbastaard

Miranda de Ebro is een belangrijk spoorwegknooppunt in Noord-Spanje. Dit is waar de spoorlijnen Irun-Madrid en Bilbao-Barcelona elkaar kruisen. Om te voorkomen dat de

115

rails elkaar bovengronds kruisen, zijn hier al vroeg ondergrondse toegangen tot de perrons aangelegd. De passagiers moesten er echter nog aan wennen. Op een dag werd de volgende boodschap omgeroepen: 'Beste passagiers, de sneltrein van Bilbao naar Zaragoza komt dadelijk aan op perron 2. Steek alstublieft de sporen niet over, maar gebruik de onderdoorgangen'. Maar een priester in een soutane met een koffer kwam op het laatste moment aanrennen en stak gewoon het spoor over. De stations omroeper moet hem wel gezien hebben, want plotseling schalde het door het station: "En uitgerekend deze priesterbastaard is de eerste die over de sporen rent". De spoorwegbeambte was vergeten de microfoon uit te zetten.

Sevilla en de koude douche

In de laatste film van de Mexicaanse regisseur Luis Buñuel (1900-1983), *Cet obscur objet du Désir*, opgenomen in 1977, giet de hoofdrolspeler Mathieu, een oudere Franse minnaar, op het station van Sevilla een emmer water over het hoofd van de door hem begeerde jonge Spaanse Conchita voordat de trein naar Parijs vertrekt. Dan legt hij uit aan zijn medepassagiers hoe hij van haar geobsedeerd raakte en hoe zij hem uitdaagde.

Het zuidelijke Noordstation van Valencia

Het treinstation in Valencia, ontworpen door de Spaanse architect Demetrio Ribes in een merkwaardige stijl die een mengeling is van de Wiener Secession, Moorse elementen en Art Nouveau, werd geopend in 1917. Het kent daarnaast nog verschillende eigenaardigheden. Zo wordt het Noordstation (Estacion de Norte) genoemd, terwijl het ten zuiden van het stadscentrum ligt. Het bijbehorende metrostation heet weer niet Noordstation maar Xativa. Ook zijn er maar liefst 400 sinaasappels op de gevel afgebeeld - Valencia is immers het centrum van de sinaasappelteelt-. Het is ook merkwaardig dat er op de muren van de lokettenhal de reizigers in acht talen een goede reis wordt toegewenst, zelfs in het Duits, wat destijds niet erg gebruikelijk was. Maar het Frans ontbreekt, ondanks dat het Frans in die tijd de internationale taal was.

Valencia Noord

Linares en de omgekeerde wagen

De Spaanse stad Linares lag ooit aan de treinroute Madrid-Cordoba-Sevilla. Sinds de opening van de hogesnelheidslijn Madrid-Sevilla stoppen de meeste lange afstandstreinen niet meer bij de stad. Zes langzamere treinen blijven echter het station Linares-Baeza met Madrid verbinden. De treinen vertrekken echter niet meer vanaf het oude treinstation van de stad. Hier is nu een conservatorium in gevestigd dat gespecialiseerd is in de flamenco. Het voormalige stationsgebouw heeft twee hoektorentjes met ronde ramen die op treinwielen lijken. Zo leek de bovenverdieping van het station op een treinwagon die op zijn rug ligt. Sommigen denken dat dit juist de bedoeling was van de architect Narciso Claveria.

117

Linares oud treinstation (Afbeelding: Escuela de Estudios Flamencos)

Bilbao - de stad van verkeersattracties

De Baskische industriestad Bilbao staat bekend om zijn spectaculaire Guggenheim Museum. Bilbao is ook een stad met toeristische attracties op het gebied van openbaar vervoer. Bilbao heeft niet alleen een tram en een metro, maar ook een transportbrug met gondels en een kabelbaan. Daarnaast heeft Bilbao twee treinstations die tot de mooiste van Europa behoren. Het Abando station met zijn grote glasmozaïek en het Concordia station, gebouwd in 1902, met zijn fraai gebeeldhouwde gevel uit de Belle Epoque.

Concordia treinstation in Bilbao (Afbeelding: Wikipedia)

118

5.3 Portugal

Het openbaar vervoer van Lissabon met voor elk wat wils

Lissabon is een interessante stad op vervoersgebied, aangezien er een unieke verscheidenheid aan transportmiddelen voorkomt. Naast moderne en ouderwetse trams zijn er diverse kabelbanen, een openbare lift, metro's en veerboten. Het treinverkeer omvat verder een buurtspoorweg, drie eindstations en nog andere stations voor de lange afstand, waaronder het moderne Oriente-station gebouwd door de Spaanse architect Santiago Calatrava voor de Expo 98. De massieve betonnen constructies binnen dit station geven je het gevoel alsof men zich binnen het skelet van een dinosaurus bevindt.

Lissabon Orientes

Het door pech achtervolgde treinstation van Lissabon

Het treinstation Cais do Sodre in Lissabon kan worden beschouwd als een treinstation dat door pech achtervolgd wordt. In de jaren vijftig viel een vuurtoren om op de buurtspoorweg van het station naar Cascais, het meest westelijke station van het Europese vasteland, waarbij acht passagiers omkwamen. In 1961 bracht een terrorist een bom tot ontploffing in het treinstation. In mei 1963 deed een luid

119

gerommel het stadscentrum opschrikken. Het dak van het station was ingestort, waarbij negenenveertig mensen omkwamen. Om het puin op te ruimen moesten hijskranen en andere machines van de in aanbouw zijnde Ponte Abril worden uitgeleend. Tijdens de aanleg van de metro bij het station waren er later grondverschuivingen die de voltooiing vertraagden.

Porto Sao Bento – mooi voorbeeld van tunnelvisie

In 1903 werd het treinstation Porto São Bento in Franse renaissancestijl geopend. Dit eindstation staat bekend om de 20.000 blauwe tegels (azulejo's) in de aankomsthal, die gebeurtenissen uit de Portugese geschiedenis voorstellen. De topografische ligging van Porto is gecompliceerd en daarom verdwijnt de spoorlijn die het station verlaat eerst in een tunnel om even later de Douro-rivier over te steken op een betonnen brug. Deze verving een ijzeren brug die in de jaren negentig van de 19e eeuw door Gustav Eiffel was gebouwd. Toen men destijds het stadscentrum met het spoor wilde verbinden, waren er verschillende voorstellen voor het tracé. Er was al een tunnel gereed, toen er alsnog een andere route gekozen werd. De oorspronkelijke tunnel werd heel praktisch omgebouwd tot wijnkelder voor de lokale port.

Porto São Bento

120

5.4 Griekenland

Saloniki – het station met de orthodoxe kapel

Terwijl de hoofdstad Athene alleen een relatief klein treinstation heeft, Larissa Station, beschikt Saloniki over een echt centraal station met het grootste stationsgebouw van het land. Het verrees onder leiding van premier Metaxas, die het land met ijzeren vuist regeerde van 1936-1941. Onder de indruk van de nieuwe treinstations in het Italië van Mussolini, wilde hij ook in Griekenland met een monumentaal bouwwerk voor de dag komen. Voor het enorme treinstation met zijn sobere gevels staat echter een relatief bescheiden stoomlocomotief die aan de beginperiode van de spoorwegen in Griekenland herinnert. Er is bovendien zelfs een orthodoxe kapel in het station.

Volos - het voormalige smalspoorknooppunt

De centraal gelegen Griekse stad Volos (150000 inwoners inclusief agglomeratie) was lange tijd maar een kleine stad. Maar toen Thessalië in 1881 weer terugkeerde bij Griekenland vanuit het Ottomaanse rijk, begon de stad zich snel te ontwikkelen. Al vroeg werd er een treinstation gebouwd met een verrassende mengeling van niet-Griekse stijlen met Balkan- en oosterse elementen. De Italiaanse ingenieur Evaristo de Chirico was verantwoordelijk voor de architectuur. Zijn zoon Giorgio de Chirico (1888-1978), geboren in Volos, werd later een beroemde surrealistische schilder in Italië. Een andere bijzonderheid van het treinstation van Volos was de samenkomst van drie spoorlijnen: een lijn met normaalspoor, een breedspoor en de spoorlijn Volos-Milies met een smalle spoorbreedte van 600 mm, genaamd de Mt. Pilion-spoorweg. Het traject Lechonie-Milies van deze laatste bestaat nog steeds en wordt in het weekend gebruikt voor toeristentreinen.

121

5.5 Cyprus en Malta

De eenzame stoomlocomotief van Famagusta

Er is momenteel geen personenvoervervoer per spoor meer op Cyprus. Voor het kadaster in Famagusta, op het Turkse deel van het eiland, staat echter een stoomlocomotief, wat eraan herinnert dat er ooit treinverkeer op het eiland was. Het kadaster bevindt zich in het voormalig stationsgebouw en de 60 kilometer lange smalspoorlijn (762 mm) liep van Famagusta naar Nicosia en verder naar Morphou. Deze route werd voornamelijk gebruikt voor vrachtverkeer, omdat Cyprus rijk was is natuurlijke. Op 31 december 1951 vertrok de laatste passagierstrein uit Nicosia. Het tracé van de spoorlijn ligt nu in de gedemilitariseerde zone van de VN. Van de rails is niets meer te zien.

Malta's spoorweg en de bussen van Boris Johnson

Net als Cyprus had Malta ooit een spoorlijn. Dit verbond La Valetta met Notabile in het binnenland van het eiland. Deze werd geopend in 1883, maar weer gesloten in 1931. In 1903 werd een tramlijn geopend van de hoofdstad naar het achterland, maar in 1929 werd ook deze weer opgeheven. De rails zijn verdwenen en het treinstation in Valetta werd gebombardeerd tijdens de Tweede Wereldoorlog. Het traject naar de oude stad, dat over een brug naar een tunnel leidde en een doorgang in de stadsmuur zijn nog steeds te zien. In het dichtbevolkte Malta wordt er gesproken over de herintroductie van een tram. Men dacht eerder een oplossing te hebben gevonden door gelede bussen die afgedankt waren door Londen. Boris Johnson, destijds burgemeester van Londen gaat hier nog altijd prat op. De bewuste bussen zijn inmiddels echter weer vervangen omdat er drie in brand waren gevlogen en ze niet voldeden aan de milieueisen.

122

6. Centraal- en Oost-Europa

6.1 Polen

Centraal Station Warschau – opnieuw een pronkstuk

Bijna heel Warschau werd tijdens de oorlog door de Duitsers verwoest. De oude stad en het kasteel werden later in originele staat hersteld, maar er werd besloten om een nieuw gebouw neer te zetten als centraal station (het vorige gebouw was ook pas in 1939 geopend). De bouw begon in 1972 en het station zou klaar moeten zijn bij het bezoek van Leonid Brezjnev in 1975. Het gebouw was dan ook met grote haast voltooid. De eerste bouwkundige gebreken kwamen kort na de opening aan het licht. Het onelegante gebouw werd beschouwd als een witte olifant in het westelijke stadscentrum. Toen het station opende, pronkte het nog met nieuwigheden die zeldzaam waren in het Oostblok, zoals roltrappen en automatische deuren. Maar er zijn nog steeds geen kaartautomaten in het treinstation. Sinds de val van de muur ging het verder bergafwaarts. Maar inmiddels is het schitterend gerenoveerd en voldoet het weer aan de eisen van de tijd.

Wroclaw Centraal Station en de Poolse James Dean

Wroclaw heeft een prachtig centraal station, dat de oorlog vrijwel ongeschonden overleefde. Wel heeft men soms last van overstromingen. In het treinstation herinnert een plaquette in de vloer (onthuld in 1997 door de Poolse regisseur Andrzej Wajda) aan een tragisch ongeval dat hier in 1967 plaatsvond. De acteur Zbigniew Cybulski (1927-1967) was erg populair in Polen en werd beschouwd als de Poolse James Dean. Net als James Dean die in 1955 omkwam bij een auto-ongeluk, stierf Cybulski in 1967 eveneens bij een verkeersongeval. Maar waar James Dean omkwam bij een ongeval met een fancy Porsche, werd Cybulski een doodgewone treinreis noodlottig. Cybulski probeerde heldhaftig als een goed acteur in een actiefilm betaamt op de trein naar Warschau te springen, maar gleed uit en kwam onder de wielen terecht.

Lódz en de wisselende stationsnamen

Het hoofdstation in Lódz, gebouwd in 1868 door Adolf Schimmelpfennig, heette vanaf 1945 Lódz Fabryczna (Lódz Fabriek), omdat er in de buurt van het treinstation verschillende textielfabrieken waren. In de 19e eeuw trok de ontwikkeling van de textielstad een aantal ondernemers aan, waaronder de uit het Rijnland afkomstige Karl Scheibler, die zich tot een ware textielbaron ontwikkelde in Lódz. Hij maakte zich ook sterk voor de aansluiting van de stad op het spoorwegennet en de bouw van treinstations. Zijn geboorteplaats Montjoie werd in 1918 omgedoopt tot Monschau omdat de naam te Frans klonk. Zijn nieuwe woonplaats Lódz zou in 1940 onder de nazi's ook een nieuwe naam krijgen, te weten Litzmannstadt naar een Duitse generaal, en het treinstation werd Litzmannstadt Mitte. Lódz betekent overigens 'boot' en daarom is er ook een vaartuig terug te vinden op het stadswapen. In 2014 is het treinstation van Lódz Fabryczna compleet gerenoveerd. Het oude station is afgebroken en vervangen door een modern ondergronds station. Er was ook een hogesnelheidslijn voorzien, maar de aanleg hiervan is voorlopig uitgesteld vanwege de hoge kosten.

Het nachtelijke treinstation van Kutno

Kutno is een van de belangrijkste treinstations in het district Lódz. Het staat niet zo best bekend. De Poolse rockband Kult zong erover:

'Ben je ooit's nachts op het treinstation van Kutno geweest?
Het is daar zo vies en lelijk
dat het pijn aan je ogen doet. '

Poznan en de lange tocht door Afrika

Op 25 november 2006 onthulde de Poolse journalist en reisboekenschrijver Ryszard Kapuscinski (1932-2007) een gedenkplaat in de hal van het treinstation van Poznan ter ere van de globetrotter Kazimierz Nowak (1897-1937), die in Poznan aan malaria stierf. Van 1931 tot 1936 doorkruiste Nowak in zijn eentje te voet en per fiets Afrika van noord naar zuid, waarbij hij een afstand van 40.000 km. aflegde. De gedenkplaat in het treinstation geeft zijn route weer.

Korsze en de lekkere soep

Korsze (voorheen Korsche) was voor de Tweede Wereldoorlog een spoorwegknooppunt in Oost-Pruisen. De stoomlocomotieven sloegen hier water in wat ongeveer 20 minuten in beslag nam. Dat was net tijd genoeg voor de passagiers om een snack te nuttigen. Het stationsrestaurant speelde daaropin en bood een lekkere soep aan. Dit was een ware lekkernij en een hotel in Berlijn had al snel *'aardappelsoep à la Korschen'* op het menu staan.

6.2 Tsjechië

Praag - de vele namen van het station

Het centraal station van Praag heeft al vele namen gehad. Toen het in 1871 werd geopend, maakte Bohemen nog deel uit van Oostenrijk en heette het station Kaiser-Franz-Joseph-Bahnhof. Na de Eerste Wereldoorlog werden Tsjechië en Slowakije, die daarvoor tot Hongarije behoorden, onafhankelijk als Tsjecho-Slowakije. Het station kreeg de naam Wilson-Bahnhof uit dankbaarheid aan de Amerikaanse president Woodrow Wilson (1856-1924). Het standbeeld van keizer Franz Joseph dat voor het station stond werd verwijderd. Onder de Duitse bezetting en ook na de Tweede Wereldoorlog heette het station gewoon Centraal Station, in het Tsjechisch hlavni nadrazi. Na 1989 werden pogingen ondernomen om het station weer naar Wilson te noemen, maar de naam bleef ongewijzigd. Architecten noemen het station ook wel het Fanta-station. Niet naar de limonade, maar naar de architect Josef Fanta, die van 1901-1909 het station in Art Nouveau-stijl verbouwde. Na een ingrijpende renovatie werd het station in 2011 heropend en ligt het nu grotendeels ondergronds.

☞Voor het Centraal Station van Praag ligt een klein park, dat lange tijd een verzamelplaats was voor daklozen en drugsverslaafden. Vanwege de nogal onveilige situatie noemden sommige Praagse inwoners het Sherwood Forest - omdat hier, net als bij Robin Hood, soms van de rijken gestolen werd en aan de armen gegeven.

Anton Dvorak en het treinstation van Franz Joseph

De Tsjechische componist Anton Dvorak (1841-1904) gold als een spoorwegfanaat. Hij ging vaak naar het centraal station van Praag om de nummers van de passerende locomotieven te noteren. Hij vroeg zijn studenten ook om

126

nummers van locomotieven door te geven. Hij werd lekker gemaakt met een aanstelling in de VS door hem voor te spiegelen dat hij dan naar de locomotieven van het treinstation in New York kon kijken. Hij hapte toe en in 1892 werd hij directeur van het National Conservatory of Music in New York. Maar New York werd een teleurstelling, want in het toenmalige Grand Central Depot was het niet mogelijk om naar de treinen te kijken. In 1895 keerde Dvorak terug naar Praag. Begin 1904 bezocht hij het Franz-Joseph treinstation in Praag om opnieuw treinen te observeren. Hij keerde verkouden terug naar zijn appartement. De componist en locomotiefliefhebber stierf korte tijd later.

Het opgeblazen Tesnov-treinstation in Praag

Praag bleef in de Tweede Wereldoorlog voor verwoesting gespaard, maar rouwt nog steeds om het verlies van een treinstation dat ooit als één van de mooiste van Europa werd beschouwd. Het stationsgebouw van het Tesnov-treinstation werd in 1985 door de Soviets opgeblazen om plaats te maken voor een snelle toegangsweg tot het Wenceslasplein voor militair materieel in geval van een eventuele opstand. De eerste slooppoging lukte niet helemaal en een deel van de gevel bleef staan. Een muurschildering met de inscriptie *Praag* was nog steeds te zien. Deze restanten werden later alsnog opgeblazen. Het station heette oorspronkelijk Noordweststation en was in 1875 gebouwd door de Oostenrijkse architect Schlimp in neo-renaissancestijl met een portaal in de vorm van een triomfboog. Na de Eerste Wereldoorlog werd het zelfs naar een Franse historicus en Bohemen-kenner Denis-station genoemd, en tijdens de Tweede Wereldoorlog werd het vanwege zijn ligging het Moldau-station genoemd. Nu herinnert nog slechts de tramhalte Tesnov aan het verleden.

127

Station Praags Masaryk en de culinaire buizenpost

Het oudste treinstation van Praag is het Masaryk station, eveneens nabij het stadscentrum gelegen. Ook dit station is verschillende keren van naam veranderd. Dit eindstation heette achtereenvolgens *station Praag*, *Staatsstation*, het *Hibernerstation* en *Praag Centrum*. Net als in het interbellum is het sinds 1990 weer vernoemd naar de eerste Tsjechische president Masaryk. Het station wordt momenteel verbouwd en zal het eindpunt worden van de directe spoorverbinding met Vaclev Havel Airport Praag.

In Praag was er ooit een goed functionerend 55 km lang ondergronds buizenpostsysteem, dat pas na de grote overstroming van 2002 buiten bedrijf werd gesteld. Het verbond onder meer het hoofdpostkantoor met andere postkantoren. Als de medewerkers van het buispoststation trek hadden, belden ze het buizenpostkantoor in het Masaryk-station. Er was namelijk een goede snackbar op het treinstation. Worsten hebben een immers de juiste vorm en kwamen ook nog eens warm aan. Aardappelkoekjes completeerden de maaltijd met de volgende capsule.

Kostomlaty en de 'zwaarbewaakte treinen'

In 1966 werd de Tsjechische komische film 'Liefde volgens de dienstregeling' opgenomen. De film is gebaseerd op het korte verhaal 'zwaarbewaakte treinen' van de Tsjechische schrijver Bohumil Hrabal (1914-1997). Het gaat over een onzekere puber die tijdens de Tweede Wereldoorlog op een klein treinstation werkt en die in korte tijd in een echte man verandert. Het verhaal weerspiegelt de kennis van spoorweg-operaties die Hrabal zelf tijdens de Wereldoorlog had opgedaan. Hij werkte destijds als perronchef op het station Kostomlaty nad Labem. Hrabal stierf in 1997 toen hij uit het raam van een ziekenhuis viel waar hij uit voorzorg was opgenomen.

6.3 Slowakije

Bratislava en de broeikas

Bratislava had lange tijd slechts een relatief klein centraal station, waarvan de uitbreidingsmogelijkheden beperkt waren vanwege de bergachtige omgeving. In 1988 werd eindelijk een nieuw groter gebouw opgetrokken. In het ontwerp werd helaas weinig moeite gestoken. De glazen gevel wordt bedekt door een massief dak en ondersteund door een balkon in vergelijkbare stijl. Vanwege de glazen gevel werd het gebouw in de volksmond ook wel *de broeikas* genoemd. Er zijn plannen om het afzichtelijke gebouw te slopen en te vervangen door een modern complex inclusief winkels en metrolijnen.

Žllina Zariecie – het culturele station

De noordelijke Slowaakse stad Žilina beleeft momenteel een economische bloei dankzij een grote investering van de Koreaanse autofabrikant Kia. Het treinstation in de wijk Zariecie heeft daarentegen de afgelopen decennia een bewogen geschiedenis gekend. Tijdens het Derde Rijk werden vanaf hier 18.000 Slowaakse Joden gedeporteerd naar Auschwitz, 150 km verderop. Van 1946 tot 1982 woonde er een gezin van spoorwegarbeiders met vijf kinderen in het station. De familie hield er dieren en de treinreizigers plukten graag de kersen uit hun tuin. Toen het station echter ingesloten raakte tussen nieuwe verhoogde wegen, verhuisde het gezin. Na de eeuwwisseling begon het station in verval te raken en kwam het onder de graffiti te zitten. Maar een Slowaaks initiatief heeft het treinstation veranderd in een cultureel centrum met tentoonstellingen, theaterfestivals, kunstateliers, enz. Er rijden en stoppen nog steeds treinen en de wachtkamer is nog steeds in gebruik.

6.4 Hongarije

Boedapest-Nyugati met de mooiste McDonald's ter wereld

Het Nyugati (West) treinstation is een van de drie grote eindstations in Boedapest en had ooit een pioniersfunctie. De eerste Hongaarse trein vertrok hier in 1846 - naar Vac aan de Donau, 35 km verderop. Het stationsgebouw werd in 1874-77 gebouwd door het Franse bedrijf Eiffel onder toezicht van Gustave Eiffel. Toen het treinstation in de jaren tachtig aan renovatie toe was, werd de McDonald's-groep als investeerder binnengehaald. In 1990 startte het fastfoodbedrijf een filiaal in het stationsrestaurant. Dit restaurant staat binnen de groep bekend als de `mooiste McDonald's vestiging ter wereld. Het gebak wordt geleverd door de fameuze banketbakkerij Gerberaud in Boedapest. Het Nyugati-treinstation is sinds 2000 ook het eerste in Hongarije met een aangrenzend winkelcentrum.

Boedapest Keleti Pu (Ooststation) -From Sarah with love

De naamgeving van de treinstations van Boedapest op grond van de windrichtingen is niet echt consistent. Nyugati West Station is eigenlijk een Noordstation, Deli, het Zuidstation ligt eigenlijk in het westen van de stad. Alleen Keleti, het Ooststation ligt ook echt in het oosten. Naar verluidt was het treinstation Keleti gebouwd naar het voorbeeld van het oude kasteelachtige Lehrter station in Berlijn. In werkelijkheid doet het ietwat te grote portaal, versierd met beelden van James Watt en George Stephenson, doet echter aan de stijl van het voormalige station Lehrter denken. Tegenwoordig bereiken de meeste gebruikers het station echter via een ondergrondse toegang. Toen het in 1884 werd geopend, werd Keleti beschouwd als een van de modernste treinstations, het was een van de eerste stations met elektrische verlichting en

130

een centraal seinhuis. In 2001 werd de muziekvideo van Sarah Connor *From Sarah with Love* opgenomen in het treinstation.

Hódmezóvásárhelykutasipuszta en Piroschka

In de jaren vijftig was de film "Ik denk vaak aan Piroschka", gemaakt in 1955 met Liselotte Pulver en Gunnar Möller in de hoofdrollen zeer succesvol in Duitsland. De film gaat over een Duitse student die tijdens een studentenuitwisseling in Hongarije verliefd wordt op de dochter van de stationschef Piroschka in het kleine poesta-dorpje Hódmezóvásárhelykutasipuszta. Tot op de dag van vandaag zijn er Duitse toeristen uit nostalgie op zoek naar het stationnetje van Piroschka in het zuiden van Hongarije. Er is wel een plaats genaamd Hódmezóvásárhely, maar het achtervoegsel-kutasipuszta ontbreekt. Je zult ook tevergeefs zoeken naar de landschappen en gebouwen die in de film te zien zijn. Tijdens de Koude Oorlog kon de film niet worden opgenomen in Hongarije en werd besloten om naar Vojvodina in het toenmalige Joegoslavië uit te wijken, dat ooit toebehoorde aan Hongarije.

Miskolc-Tiszai en de Kelten

De Noord-Hongaarse industriestad Miskolc heeft twee grote treinstations: het treinstation Gömöri en het prachtige treinstation Tiszai. Beide stations zijn ontworpen door de belangrijke Hongaarse stations architect Ferenc Pfaff (1851-1913). Sommigen beweren dat het treinstation van Tiszai is vernoemd naar de rivier de Tisza, maar Miskolc ligt helemaal niet aan deze rivier. Tiszai was namelijk de naam van het bedrijf dat het station heeft gebouwd. Het station werd geopend in 1901. Tijdens de bouw werden belangrijke

131

archeologisch vondsten gedaan uit de tijd van een Keltische nederzetting.

Balatonszarszo en de betreurde dichter

Op 3 december 1937 werd de Hongaarse dichter Attila Jozsef (1905-1937) overreden door een trein in de stad Balaton-Szarszo aan het Balatonmeer. Vrienden van de dichter spraken van een ongeluk, maar in werkelijkheid wierp Jozsef zich voor een goederentrein. Jozsef probeerde als kind al eens zelfmoord te plegen. Tegenwoordig wordt Jozsef gerekend tot de belangrijkste Hongaarse dichters van de 20e eeuw. In 1998 werd voor hem een monument opgericht bij het treinstation in Balaton-Szarszo. Het stelt de wielen van een locomotief voor, als verwijzing naar de dood van de dichter, beladen met handzetsels die zijn gedichten voorstellen.

Monument bij het treinstation Balaton-Szarszo,
(Afbeelding: Wikipedia)

132

Sopron en de GySEV: het ijzeren gordijn op een kier.

In Hongarije staat Sopron (Duits Oedenburg) bekend als *'Urbs fidelissima'*, wat de *'trouwste stad'* betekent. In 1921 stemde bij een referendum de in meerderheid Hongaars sprekende bevolking van Sopron ervoor om bij Hongarije te blijven. De rest van het omringende Burgenland, dat voorheen bij Hongarije hoorde, was in meerderheid Duitstalig en koos voor aansluiting bij Oostenrijk. Sopron werd het hoofdkwartier van een spoorweg-curiositeit die zelfs de Koude Oorlog weerstond, namelijk de Raab-Oedenburg-Ebenfurther Eisenbahn AG of in het Hongaars afgekort tot GySEV, die tegenwoordig doorgaans Raaberbahn genoemd. Het tracé loopt deels over Oostenrijks grondgebied (Ebenfur) en deels over Hongaars grondgebied (Sopron en Raab/Györ). Het verkeer op de lijn wordt onderhouden door de geelgroen geschilderde treinen van de Raaberbahn, en treinstellen van de ÖBB, de Oostenrijkse spoorwegen. Spoorwegmateriaalmateriaal van de Hongaarse staatsspoorwegmaatschappij MAV komt men er nauwelijks tegen. De GySEV verzorgt tegenwoordig ook het vervoer op een aantal andere trajecten in Oostenrijk.

Hegyeshalom en de vredesgroet

Door de grenswijzigingen na de Eerste Wereldoorlog werd Hegyeshalom in het westen van Hongarije een grensstation. De dorpelingen profiteerden van de voordeeltjes die de nieuwe situatie met zich meebracht. Op het station waren ze de eersten die de sportlieden begroetten die terugkeerden met de trein van de Olympische Spelen in Los Angeles (1932) en Berlijn (1936). Station Hegyeshalom heeft de afgelopen decennia reizigers ook nog op een bijzondere manier verwelkomd. De eerste vijf neonletters van de stationsnaam deden het vaak niet vanwege kortsluiting, zodat men werd begroet met *Shalom* (Hebreeuws voor vrede).

133

7. Zuidoost-Europa

7.1 Slovenië

James Joyce en de nacht in Ljubljana

In de zomer van 1904 reisde de nog jonge Ierse schrijver James Joyce (1882-1941) met zijn vriendin Nora per trein van Zürich naar Triëst, waar hem een baan als leraar Engels was aangeboden. In Ljubljana, dat toen nog onder de naam Laibach tot Oostenrijk behoorde, stapte het stel uit, in de veronderstelling dat ze al in Triëst waren. Maar toen de twee hun fout bemerkten, was de trein alweer vertrokken. Dus brachten ze de nacht door op een bank in het park en vervolgden pas de volgende ochtend hun reis. Joyce had zijn eerste afspraakje met Nora, met wie hij overigens pas in 1931 zou trouwen, kort daarvoor gemaakt op 16 juni 1904. In zijn sleutelroman Ulysses draait alles om deze datum. Vandaag vieren James Joyce-fans elk jaar Bloomsday op 16 juni (genoemd naar de hoofdrolspeler van Ulysses Bloom). Op 16 juni 2003 vierden de Slovenen Bloomsday met de onthulling van een gedenktegel op de trap naar perron 1 James Joyce's zomernacht met Nora.

Kamnik en de helpende hand van Joze Plečnik

Joze Plečnik (1872-1957) wordt beschouwd als de belangrijkste Sloveense architect van de 20e eeuw en drukte vooral zijn stempel op Ljubljana, maar stations waren aan hem niet besteed. In 1932 ontwierp hij een jachtslot voor de Joegoslavische koning Aleksander in Kamniska Bistrica. Dit was aanleiding om een treinstation te bouwen in Kamnik, een stad aan de spoorlijn. Plečnik beval hiervoor zijn leerling Vinko Glanz aan. Omdat Plečnik niet helemaal tevreden was met het ontwerp, bracht hij alsnog eigenhandig wijzigingen aan in de ontwerpschetsen. Slovenië kreeg aldus indirect toch een station van Plečnik.

134

7.2 Kroatië

Zagreb Centraal Station en de Oriënt Express

Het stationsplein van de Kroatische hoofdstad Zagreb wordt beschouwd als een van de mooiste van Europa. Het station werd in 1890 geopend toen Zagreb nog deel van Hongarije uitmaakte. Toen in de jaren tachtig een winkelcentrum bij het treinstation werd gebouwd, werd dit ondergronds aangelegd om het stedenschoon niet te verstoren. Het centraal station van Zagreb is waarschijnlijk ook een van de weinige in Europa met een nis voor een Maria-altaar in de gevel aan de perronkant. In het voormalige Joegoslavië waren etniciteit en religie nauw met elkaar verbonden en dit altaar weerspiegelt het katholicisme van de Kroaten.

Station Zagreb West als historisch decor

Het West Station werd geopend in 1862 en was vroeger het hoofdstation van Zagreb. Het station verkeert nog groten-deels in de originele staat. In 1986 kreeg het de beschermde status van cultureel erfgoed. Het station wordt niet ontsierd door elektronische vertrektijdenborden en wordt regelmatig gebruikt als decor voor historische filmscènes.

Kumrovec en de blauwe trein van Tito

Josip Broz Tito (1892-1980), president van het voormalige Joegoslavië, werd geboren in het Kroatische dorp Kumrovec, dat aan een spoorlijn aan de grens met Slovenië ligt. Vanaf het treinstation in het dorp trok de jonge Tito de wereld in om later als staatshoofd regelmatig naar zijn geboortedorp terug te keren met zijn uiterst luxueuze blauwe trein. Deze trein doet nu dienst als toeristische attractie op de 476 kilometer lange spoorlijn van Belgrado, naar Bar, een in Montenegro.

7.3 Servië en Montenegro

Het centraal station van Belgrado en de commerciële instelling van Prins Milan en Prinses Nathalie

Het centraal station van Belgrado werd in neoklassieke stijl gebouwd op de plaats van een voormalige lagune aan de rivier de Save. Het gerucht gaat dat de toenmalige heerser Prins Milan Obrenovic in de voorafgaande jaren de aanbesteding voor een omkoopsom van 1 miljoen franc aan de Fransen gunde. Ook verdiende hij nog eens goed aan de verkoop van een stuk bouwgrond dat toevallig aan de familie van zijn vrouw Prinses Nathalie behoorde. Het station werd in 1884 in geopend door Milan en Nathalie, die het inmiddels tot koning en koningin van Servië geschopt hadden, met een treinreis naar Wenen. Over dit station alleen al kan een boek geschreven worden, maar we volstaan ermee te vermelden dat het station in 2018 werd gesloten en dat de regering in 2020 heeft besloten dat het historisch museum van Servië erin gevestigd gaat worden.

Het diepgelegen metrostation Vukov Spomenic

Het centraal gelegen metrostation Vukov Spomenic, onderdeel van een regionaal treinnetwerk werd in 1995 geopend door de toenmalige president Slobodan Milosevic. Het ligt 40 meter onder straatniveau en het heeft 65 meter lange roltrappen. Daarmee is het één van de diepst gelegen stations in Europa. Aan het einde van het ondergrondse perron bevindt zich een vreemde, massieve koperen sculptuur met motieven van de stad Belgrado, waarachter een nooduitgang verborgen zit.

Belgrado-Prokop en de moeizame bouw

Het centraal station van Belgrado lag nooit echt dicht bij het centrum van de stad vanwege redenen die hierboven beschreven zijn. Daarom bestaan er al tientallen jaren plannen voor een nieuw doorgaand hoofdstation. Enkele van de toegangslijnen zijn inmiddels aangelegd en het nieuwe treinstation Prokop is begin 2016 geopend. Het station is echter door allerlei tegenslagen nog steeds niet gereed. Momenteel is de voltooiing voorzien voor 2024.

Het filmstation op Sarganska Osmica

Een van de meest populaire spoorlijnen in Servië is de Sarganska Osmica, ook bekend als de acht van Šargan. Deze smalspoorlijn van 760 mm, waarvan het tracé in één sectie de vorm heeft van een 8, was ooit de voortzetting van de Bosnische oostelijke spoorweg aan Servische zijde (Bosnië had een uitgebreid smalspoornetwerk). In 1974 werd het tracé in Servië gesloten, maar in 1999 werd dit heropend als toeristische attractie. In hetzelfde jaar kwam de oorlog helaas tussenbeide. Er bevindt zich overigens een nieuw treinstation met een klassieke uitstraling op de route dat voorheen niet bestond, genaamd Golubici. Dit werd gebouwd als decor voor de film 'Life is a miracle' van de Bosnisch-Servische regisseur Emir Kusturica. Niet ver van het treinstation Mokra Gora, dat ook aan de Šarganer Acht ligt, had Kusturica een traditioneel dorp ontworpen en ontwikkeld genaamd Etno selo (kustdorp).

Herceg Novi treinstation en Emir Kusturica

De Montenegrijnse havenstad Herceg Novi kreeg pas een treinstation in 1936. Maar in 1967 werden de spoorlijn en het station weer gesloten. In 1998 kocht Emir Kusturica het station en probeerde het uit te bouwen tot een cultureel centrum. Dat lukte niet, en in 2005 is het pand alsnog verbouwd tot hotel. In datzelfde jaar liet Kusturica zich dopen tot lid van de Servisch-Orthodoxe kerk.

7.4 Noord-Macedonië en Kosovo

Skopje - de stationaire stationsklok

Algemeen wordt 26 juli 1963 beschouwd als een zwarte dag in de geschiedenis van Skopje. In de vroege ochtend deed een sterke aardbeving de stad schudden, waarbij meer dan 1.000 mensen om het leven kwamen. Tevens werd tachtig procent van de gebouwen, inclusief het treinstation, verwoest. De grote stationsklok op het stationsgebouw bleef voor altijd op 5:17, de tijd van de aardbeving staan. Tegenwoordig is dit treinstation een monument en is er een museum aan verbonden. De economie van het jonge Joegoslavië werd zwaar getroffen en er kwam golf van internationale hulp op gang. Tegelijkertijd ontstonden er na de verwoesting van de Ottomaanse oude stad ambitieuze plannen om de stad op te stoten in de vaart der volkeren en er een paradepaardje voor het socialisme van te maken. De beroemde Japanse architect Kenzo Tange (1913-2005) stelde plannen op voor de wederopbouw van de stad. Deze werden slechts ten dele gerealiseerd, maar hij kon zijn plan voor een hooggelegen station wel realiseren. In de bestseller *Grand Hotel Europa* van de Nederlandse schrijver Ilja Leonard Pfeijfer uit 2019 wordt een uitgebreide beschrijving gegeven van een bezoek van de schrijver aan het moderne Skopje.

Het kleine beschilderde treinstation van Pristina

De hoofdstad van Kosovo, Pristina, heeft een bescheiden treinstation, waar dagelijks slechts een paar treinen van vertrekken. Merkwaardig genoeg is het treinstation van Pristina aan de stadszijde beschilderd met stripfiguren. Aan de perronkant hangen foto's van Europese spoorwegen, waaronder een Oost-Duits treinstation in een kleine stad.

7.5 Roemenië

Iaşi - het Duitse kasteel en de verloren goudvoorraad

Transsylvanië en de Banat kwamen pas bij Roemenië toen Oostenrijk-Hongarije na de Eerste Wereldoorlog uit elkaar viel. De historische treinstations in dit gebied worden dan ook gekenmerkt door de architectuur van het Oostenrijks-Hongaarse keizerrijk. Enkele oudere treinstations in de landstreken Moldavië en Walachije hebben een meer Duitse architectuur. Een van de redenen hiervan is dat Roemenië van 1881 tot 1947 werd geregeerd door koningen uit de Hohenzollern-Sigmaringen-dynastie. Het treinstation in Iaşi in Moldavië had vanwege zijn architectuur zelfs de bijnaam 'het Duitse kasteel'. In augustus 1916 tijdens de Eerste Wereldoorlog sloot Roemenië zich aan bij de geallieerden. De Centrale Mogendheden (Duitsland, Oostenrijk-Hongarije) bezetten in dezelfde maand Boekarest en het zuiden van het land. De Roemeense regering week uit naar Iaşi in het noorden. Maar de kroonjuwelen en de goudvoorraad van het land leken ook niet veilig te zijn in de regio Moldavië. Er waren plannen om de kroonjuwelen en de goudvoorraad naar Denemarken of Engeland te brengen, maar men was bevreesd voor Duitse onderzeeërs. Met de Russen werd dus een akkoord bereikt om tijdens de oorlog de kroonjuwelen en de goudvoorraad in Moskou in veiligheid te brengen. In december 1916 vertrok vanuit het station van Iaşi een trein met 17 wagons vol goudstaven, gouden munten en de juwelen van koningin Maria richting Moskou. In juli 1917 volgden nog eens 24 wagens vol sieraden, waardevolle schilderijen en waardevolle kunstvoorwerpen. De Russische regering had een contract getekend voor het transport, de opslag en de teruggave van deze kostbaarheden ter waarde van 8 miljard gouden lei (huidige waarde naar schatting vele miljarden euro's). De Russen hebben in 1935 en 1956 wel een aantal schilderijen en andere kunstvoorwerpen teruggegeven, maar de goudvoorraad is nooit geretourneerd. Dit is nog altijd nog een trauma voor Roemenië en een twistappel in de Roemeens-Russische betrekkingen tot op de dag van vandaag.

Sinaia en het wapen van de Hohenzollern

De architectuur van het treinstation van Sinaia, dat vroeger exclusief gereserveerd was voor de koning en zijn gasten, is verre van Duits. Ter compensatie had dit treinstation het wapen van de HohenZollern op de gevel. Het ligt vlakbij het treinstation naar het voormalige kasteel van Peles, de zomerresidentie van de koning.

Op het perron hangt een plaquette ter nagedachtenis aan de Roemeense premier Ion Duca, die op 30 december 1933 op het station werd vermoord door de fascistische IJzeren Garde. In tijden van het communisme werd het station ook gebruikt voor officiële ceremonies. Zo arriveerden de Amerikaanse president Ford en de dictator Nicolae Ceauşescu hier in augustus 1975 per presidentiële trein.

Station Ploieşti Zuid

Het zuidstation van de oliestad Ploieşti die in de Tweede Wereldoorlog zwaar beschadigd raakte, is een getuige van het rijke verleden van de stad. Het toegangsportaal is vergelijkbaar met dat van Union Station in Washington, dat op zijn beurt was gemodelleerd naar de Boog van Constantijn in Rome. Roemenië is overigens afgeleid van Rome, dat het land ooit kolonialiseerde. Het Roemeens valt onder de Romaanse talen.

Boekarest Noord – toevluchtsoord voor straatkinderen

Het treinstation Boekarest Noord is het belangrijkste treinstation van de Roemeense hoofdstad. Het eerste stationsgebouw dateert uit 1872, toen het station nog Targoviste Bahnhof heette, genoemd naar de aangrenzende straat. Niet het Noordstation, maar het Filaret-station in het zuiden van Boekarest, dat in 1869 was geopend en niet meer bestaat, was overigens het eerste station van de stad. Tijdens de Tweede Wereldoorlog werd de zuidvleugel van het Noordstation getroffen door geallieerde bommen, maar later herbouwd in de oorspronkelijke stijl. Een locomotievenloods in het zuiden van het stationsgebied werd later opgeheven en het hoofdkantoor van de staatsspoorwegmaatschappij CFR werd gebouwd op het vrijgekomen terrein. In de periode na de omwenteling in 1989 werd het station een sociale hotspot. Om de bevolking uit te breiden had Ceausescu een pro natalistisch beleid gevoerd en waren abortussen verboden, wat ongewenste kinderen tot gevolg had. De verzorgingsomstandigheden van kinderen waren moeilijk en kostbaar. Na de val van de muur trokken veel volwassenen dan ook naar het westen en lieten hun kinderen achter. Zo ontstond er plotseling een probleem met straatkinderen en daarbij kwamen ook nog eens de in de steek gelaten kinderen bij die vanuit de rest van Roemenië hun toevlucht tot Boekarest zochten. Het hoofdstation werd daarmee een slaapplaats voor straatkinderen en daklozen. Teneinde het gebruik van het station te beperken tot passagiers, werd de toegang halverwege de jaren negentig gecontroleerd en kon het station alleen nog worden betreden met een geldig vervoersbewijs. De straatkinderen weken uit naar de rioolbuizen en stadsverwarmingstunnels onder het treinstation. Ze gingen uit wanhoop lijmsnuiven. Later trokken humanitaire organisaties zich hun lot aan en zorgde een beter opvangsysteem voor verbetering van hun situatie.

141

Het voorlopig station van de luchthaven van Boekarest

In het najaar van 2008 maakte de Roemeense minister van Transport bekend dat de internationale luchthaven Henri Coanda in de voorstad Otopeni in Boekarest nu ook met de metro bereikbaar is. Echter van een directe verbinding met het metronetwerk van Boekarest zal pas over een aantal jaren sprake zijn. Er werd als voorlopige oplossing een station met één perron geopend in de voorstad Balotesti. Vanaf het nieuwe treinstation is het nog 1 kilometer naar de luchthaven, die met een shuttlebus moet worden afgelegd. Een vliegtuig van de Roemeense luchtvaartmaatschappij Tarom stortte in 1995 neer in deze voorstad waarbij alle 60 inzittenden omkwamen. Er is een monument ter nagedachtenis van de slachtoffers.

Burdenje - treinstation naar vermeend Duits voorbeeld

In de 19e eeuw werd het op een na grootste treinstation van Roemenië gebouwd in Burdenje, een klein stadje in het Roemeense Moldavië met een sjtetl – een uitgebreide orthodox-joodse gemeenschap. Burdenje was een grensstation met Oostenrijk. De jonge Roemeense staat die nog in opkomst was in de 19e eeuw, wilde hier met een representatief gebouw uiting geven van zijn nationale identiteit en zelfbewustzijn. Treinen vanuit Wenen en vanuit Tsjernivtsi reden hier het Roemeense grondgebied binnen. Na de onafhankelijkheid werd Roemenië lange tijd geregeerd door de Hohenzollern-koningen die uit Sigmaringen in Duitsland afkomstig waren. Zo ontstond waarschijnlijk het gerucht dat het ontwerp van het treinstation ook uit het zuidwesten van Duitsland afkomstig was. Op veel websites kun men vandaag de dag nog lezen dat het ontvangstgebouwgebouw van Burdenje een kopie op kleinere schaal was van het treinstation van Freiburg. Maar

142

het oude treinstation in Freiburg zag er behalve de gebruikte steensoort anders uit. Als Burdenje een kleinere versie was geweest, had Freiburg het grootste treinstation van Duitsland moeten hebben. Het Roemeense Wikipedia-artikel over Burdenje zegt zelfs dat het treinstation in Fribourg, Zwitserland als voorbeeld diende, maar het oude treinstation in Fribourg zag er ook anders uit.

Na de Eerste Wereldoorlog werden Boekovina en de stad Suceava aan de andere kant van de rivier onderdeel van Roemenië en werd Burdenje in feite een voorstad. Daarom heet het station in de dienstregeling nu Suceava-Burdenje. Na een renovatie in 2000 is het imposante gebouw van rode baksteen met zijn ronde boogramen en -deuren absoluut één van de mooiste treinstations van Roemenië.

7.6 Bulgarije

Sofia en het tentdak

Op 1 augustus 1888 werd in Sofia een historisch centraal station in neorenaissancestijl geopend. In april 1974 werd dit prachtige treinstation, met Franse en Italiaanse architectonische elementen, afgebroken om plaats te maken voor een nieuw gebouw in brutalistiche stijl. De socialistische regering wilde een eigentijds architecturaal stempel op de hoofdstad drukken, en een paradeplaats voor het station creëren. Na de val van de Muur liep het treinverkeer echter sterk terug en dit snel achterhaalde architecturale erfgoed was allesbehalve populair bij de Bulgaren. Na 2000 werd de leegte van het stationsplein opgevuld met een tentdakconstructie, die doet denken aan het Olympisch Stadion van München dat overigens ook uit de jaren 70 dateert. In 2016 is het station totaal gerenoveerd.

143

Sofia treinstation

Burgas - een groene versie van het rode van Varna

De havenstad Burgas gaat er prat op het mooiste treinstation van Bulgarije te hebben. Het treinstation, dat in de jaren twintig werd geopend, lijkt als twee druppels water op het station in de andere Bulgaarse havenstad Varna. Het enige verschil is dat het treinstation van Varna rood is geverfd, terwijl dat van Burgas groen is geverfd (wit, rood en groen zijn de nationale kleuren van Bulgarije). Overigens stamt het uurwerk van de stations toren in Varna uit 1929. Het is destijds speciaal in Duitsland aangekocht.

Gorna Oryahovitsa – met dank aan de spoorwegen

In Noord-Bulgarije ligt het belangrijke spoorwegknooppunt Gorna Oryahovitsa. De stad heeft zijn huidige omvang en economische ontwikkeling in belangrijke mate te danken aan de opening van het treinstation in 1899. Tegenwoordig is circa 20% van de werkzame bevolking van de spoorwegen en daaraan gerelateerde bedrijven afhankelijk. Tijdens de bouw van het station woonden in de buurt jarenlang Tsjechen en Italianen. In 1917 stortte in de buurt een zeppelin neer en in de jaren 20 bestond er een Tolstoi-kolonie in de stad.

144

7.7 Turkije

Ankara Centraal Station - Atatürks eerste verblijfplaats

Kemal Atatürk, de vader van het moderne Turkije, woonde na zijn aankomst in de nieuwe hoofdstad Ankara 1919-1921 in het huis van de stationschef op perron 1. Dit huis diende tevens als telegraafstation, waar Atatürk actief gebruik van maakte om zijn land bijeen te houden. De in Duitsland gemaakte treinwagon van Atatürk had ook speciale antennes voor telegraafverkeer. Hij zag daarmee het belang van communicatie al vroeg in.

Istanbul-Sirkeci - Oriënt in Europa

Het Sirkeci-station, gelegen aan de Europese kant van Istanbul, was ooit vooral bekend als het eindpunt van de Oriënt-Express. In de jaren twintig bracht een goederentrein wekelijks kleding uit Frankrijk naar Turkije. Kemal Atatürk wilde de zijn landgenoten zich meer volgens westerse stijl zouden kleden. Het in 1890 geopende ontvangstgebouw van het treinstation heeft een oriëntaalse uitstraling. Geen wonder, want de architect was de Pruis August Jachmund, die door de Duitse regering naar Istanbul was gestuurd om oriëntaalse architectuur te studeren.

Istanbul-Haydarpasa – vleugje Europa in Azië

Het Haydarpasa treinstation aan de Aziatische kant van Istanbul oogt meer Europees. Dit hoeft ook niet zo te verbazen, want het werd gebouwd door de firma Philipp Holzmann volgens een ontwerp van de Duitse architecten Otto Ritter en Helmut Cuno. Het station in neorenaissancestijl dat wat van een kasteel wegheeft, was een geschenk van keizer Wilhelm II aan sultan Abdülhamid en bondgenoot Turkije. Er moesten 1100 palen van elk 21 meter lang in de zachte grond worden geheid om een stabiele fundering te leggen. Het treinstation is één van de weinige ter wereld dat aan drie zijden door water is omgeven.

Karaagaç en de eerste bommenwerper

In de Eerste Balkanoorlog (oktober 1912 - mei 1913) vochten Servië, Montenegro, Bulgarije en Griekenland tegen het Ottomaanse Rijk. Een Bulgaarse piloot wierp daarbij de eerste vliegtuigbom ooit op het Turkse treinstation van Karaagaç bij Edirne. Hij werd daarmee de eerste piloot van een bommenwerper in de geschiedenis.

Karaagaç ligt aan de westelijke oever van de Evros-rivier (Turks: Meric). Deze rivier vormde later de grens met Bulgarije en nog later met Griekenland. Karaagaç bleef als een voorstad van Edirne bij Turkije, maar er moest wel een nieuw treinstation worden gebouwd ten oosten van de rivier, omdat het oude treinstation van Karaagaç door de grenswijziging van de rest van het land was afgesneden. In het oude station, dat inmiddels is gerestaureerd, bevindt zich nu een universiteit en in de stoomtrein, die op het spoor staat, is nu een restaurant gevestigd

Bursa Acemler en de juiste tijd

Op de website van het Ministerie van Cultuur en Toerisme van Turkije staat de volgende anekdote over het treinstation van Bursa-Acemler. Toen de Belgische *Chemin de Fer de Moudania-Brousse* van eigenaar Georges Nagelmackers in 1892 het treinstation van Bursa Acemler opende, was de dienstregeling opgesteld volgens de West-Europese standaardtijd. Turkije had toen echter nog een eigen tijdmeting, waarbij dag en nacht werden verdeeld in 12 uur, waarvan de lengte veranderde naargelang het seizoen. De spoorwegmaatschappij plaatste daarom in september 1892 aanvankelijk een waarschuwing om de reizigers erop te wijzen dat de dienstregeling op West-Europese uren was gebaseerd. Maar uiteindelijk moest men toegeven aan de gewoontes van de lokale bevolking en werden de vertrektijden alsnog in Turkse uren opgeven. De Belgen waren overigens zeer actief met het aanleggen en exploiteren van spoorwegen in andere landen. Zo was Georges Nagelmackers eveneens de stichter van de Compagnie International de Wagons-Lits, welbekend van de Oriënt-Express.

Het weesmeisje in het treinstation van Bursa

In 1925 benaderde een leergierig weesmeisje Atatürk in het treinstation in Bursa (het meisje had haar kennishonger wellicht meegekregen van haar overleden vader die de plaatselijke gemeentesecretaris was geweest). Ze vroeg of hij haar kon helpen naar kostschool te gaan. Op 22 september 1925 adopteerde de kindervriend Atatürk het meisje Sabiha, waarbij hij zou hebben gezegd: "Kinderen zijn een nieuw begin en een nieuwe toekomst". Sabiha mocht bij zijn drie andere geadopteerde dochters in Ankara wonen en later ging zij naar de meisjesschool in Istanbul. In 1934 werden achternamen verplicht gesteld in Turkije en werd Sabiha *Gökcen* genoemd ('die tot de hemel behoort'). Een jaar later nam Atatürk Sabiha mee naar de opening van de eerste Turkse vliegschool. Sabiha was razend enthousiast over de luchtvaart en mocht met zeven mannelijke studenten naar Moskou om te leren vliegen. In 1936 ging ze naar de Turkse luchtmachtakademie en werd ze de eerste Turkse vrouwelijke piloot van een militair toestel. In 1937 nam ze deel aan een militaire operatie en werd ze de eerste vrouwelijke gevechtspiloot ter wereld. De *Amazon of the*

Skies nam zelfs deel aan de Koreaanse oorlog. Toen de Amerikaanse luchtmacht in 1996 de poster 'The 20 Greatest Aviators of History' publiceerde, was Gökcen de enige vrouw erop. Sabiha Gökcen stierf op 22 maart 2001 op haar 88ste verjaardag. In hetzelfde jaar werd de tweede luchthaven in het Aziatische deel van Istanbul vernoemd naar Sabiha Gökcen. De luchthaven in het Europese deel heet overigens Atatürk Vliegveld. Deze luchthaven was in 2020 de drukste van Europa, In 2019 voor de Covid uitbraak stond Atatürk Airport nog op de zesde plaats.

8. Rusland en Oekraïne

8.1 Oekraïne

Het Engelse treinstation van Kiev

Het eerste treinstation van Kiev, gebouwd in 1868-1870, werd gebouwd in de Engelse gotische stijl. Maar het huidige treinstation, dat met 170.000 passagiers per dag het drukste van Oekraïne is, heeft ook nog een verwijzing naar Engeland. De officiële naam is Kyiv Passazhyrskyi, maar de bevolking zegt *voksal*, wat ook op de gevel in Cyrillische letters te lezen is. Voksal is het Russische woord voor een groot treinstation en is afgeleid van de Londense wijk Vauxhall.

Lviv Centraal Station – toonbeeld van de Art-Nouveau

Het centraal station van Lviv, geopend in 1904, wordt beschouwd als één van de mooiste Art Nouveau-stations in Oost-Europa. Na de opening werd het bezocht door talrijke architecten en beïnvloedde het de architectuur van het Centraal Station van Praag en de door Otto Wagner ontworpen treinstations in Wenen.

Podwolocyzyska en geroosterde gans

Podwolocyzyska, dat tot 1918 tot Oostenrijk-Hongarije behoorde en aan de toenmalige grens met Rusland lag, werd daarna een belangrijk overslagpunt tussen Zuid-Rusland en Centraal-Europa als onderdeel van het Russische spoorwegnet. Podwoloczyska was ook het centrum van de eierhandel, waar de dagelijkse eierprijzen voor Europa tot stand kwamen op een eierbeurs. De Oostenrijkse schrijver, Alexander Roda Roda (1872-1945), bezorgde het treinstation van de stad eeuwige literaire roem met het verhaal 'De Gans van Podwolotschyska'. In dit verhaal biedt de restauratie van het treinstation Podwolochyska een klein menu aan voor vier kronen bestaande uit soep en rundvlees en een groot menu voor zes en een half kronen, waar men bovendien ook nog geroosterde gans en zibeben-strudel (Zuid-Duitse rozijnentaart) krijgt. De passagiers die vaak al een lange reis vanuit Wenen erop hadden zitten en inmiddels stevige honger hadden, werden bij het grensstation in de gelegenheid gesteld een etenspauze te nemen. Ze kozen dan meestal voor het duurdere menu. Maar zodra de gasten het rundvlees op hadden, kwam er een man met een dienstpet (de baas van de stationsrestauratie) het restaurant binnen en roept: 'Het is tijd voor de trein naar Kiev, Moskou, Odessa ...'. Iedereen staat op en haast zich naar de treinwagon zonder het menu volledig te hebben verorberd. Op een dag blijven sommige gasten echter zitten. Het zijn inspecteurs uit Lemberg die de kwaliteit van de Galicische stationsrestauraties controleren. In allerijl kan de waard de eigenlijk niet-bestaande gebraden gans nog uit zijn eigen keuken tevoorschijn toveren. Maar als de inspecteurs nu ook om het toetje vragen, zegt de sluwe waard dat *Zibebenstrudel* geen toetje is, maar zijn achternaam en dat de veronderstelde lekkernij op de menukaart in werkelijkheid zijn signatuur is.

8.2 Europees Rusland

Vauxhall-Voksal - verrassende herkomst

Bij het station van Kiev was er al op gewezen dat het Russische woord voor een groot treinstation voksal is en dit afgeleid is van Vauxhall, een wijk van Londen. Er zijn verschillende theorieën over de exacte herkomst. De meest waarschijnlijke luidt dat dit verband houdt met een pretpark dat werd gebouwd aan het eindpunt van de eerste spoorweg in Rusland, aangelegd in 1837, van Petersburg naar Pavlovsk. Voksal zou vernoemd zijn naar de toen beroemde Vauxhall Pleasure Gardens in Londen. Al snel werd dit woord toegepast op het stationsgebouw zelf en later kreeg het de betekenis van een wat groter treinstation.

Ten westen en oosten van Wershbolowo

Een van de mooiste treinstations in Rusland bevond zich ooit op de grens tussen het Russische rijk en Duitsland, het treinstation in Wershbolovo. Verschillende spoorbreedten kwamen hier samen. Zo had Rusland had een breedspoor van 1520 mm. terwijl Duitsland normaalspoor van 1435 mm. Zelfs de tsaar moest hier dus overstappen. Om die reden moesten de faciliteiten aan de hoogste normen voldoen. Omdat Rusland lange tijd achterbleef bij het Westen, gold destijds het gezegde 'alleen ten oosten van Wershbolowo is alles nieuw, maar wat hier nieuw is, is daar (in het westen) niet nieuw '. Na de Eerste Wereldoorlog werd het station Litouws grondgebied, en werd het station Virbalis genoemd. Aan het einde van de Tweede Wereldoorlog was het station slechts licht beschadigd. Russische troepen hadden het bevel gekregen het nabijgelegen voormalige Duitse treinstation Eydtkuhnen (waarvan de architectuur overigens ook niet mis was) op te blazen. Maar in plaats daarvan vernielden ze wegens onbekendheid met de streek helaas het prachtige treinstation van Wershbolowo.

Het eerste Russische treinstation en Anna Karenina

Vitebsk Railway Station was het eerste treinstation in Sint-Petersburg en Rusland. Het werd geopend in 1837 en heette oorspronkelijk station Tsarskoe Selo, omdat vanaf hier de treinen naar de keizerlijke zomerresidentie vertrokken. In het station is een replica van de eerste Russische trein te zien. Het ontvangstgebouw, later verbouwd in Art Nouveau-stijl, is nu een van de mooiste stationsgebouwen van Sint-Petersburg. Het ademt nog altijd een historische sfeer en daarom zijn hier films als Anna Karenina en de lotgevallen van Sherlock Holmes zijn opgenomen.

De klokken van het treinstation van Vitebsk

Ondanks de historische ambiance werden in 2003 moderne Zwitserse stationsklokken opgehangen in het treinstation van Vitebsk. En dat heeft alles te maken met een vliegtuigongeluk boven de Bodensee. Op 1 juli 2002, kwam een Russische Tupolev van Bashkirian Airlines, die schoolkinderen aan boord had, in botsing kwam met een vrachtvliegtuig. Alle 71 inzittenden kwamen om het leven. Het ongeval was mede het gevolg van een fout van de Zwitserse luchtverkeersleider. Door de verwijten van de Russische media aan het adres van Zwitserland kwam de relatie tussen Rusland en Zwitserland na de crash op gespannen voet kwam te staan. In 2003 greep Zwitserland de 300ste verjaardag van Sint-Petersburg echter aan om zijn imago in Rusland weer op te poetsen. De stad kreeg 100 Zwitserse stationsklokken geschonken, die zowel op de openbare weg als op stations werden geïnstalleerd. Zo kwam het Vitebsk-treinstation aan zijn Zwitserse klokken. Maar een Rus die zijn vrouw en kinderen bij het ongeluk had verloren, kon het gebeurde niet vergeten. Hij reisde in februari 2004 naar Zwitserland en stak de destijds verantwoordelijke luchtverkeersleider neer in zijn appartement.

Station St. Petersburg - Moskou naar Italiaanse snit

In 1851 werd de eerste Russische lange afstandsspoorlijn, van de toenmalige hoofdstad Sint-Petersburg naar Moskou, voltooid. De verantwoordelijke ingenieur was de Amerikaan George Washington Whistler. Hij koos voor de spoorbreedte van zijn thuisstaat in het zuiden van de VS van 1524 mm, precies 5 voet. Deze spoorbreedte werd de standaard in het tsaristische rijk. De architect Thon koos Italiaanse voorbeelden voor het stationsgebouw in St. Petersburg, dat zichzelf beschouwt als het Venetië van het Noorden. De bogen van de arcade op de begane grond zien er Venetiaans uit, de eerste verdieping imiteert een Toscaans palazzo, terwijl de klokkentoren op de toren van het Palazzo Senatori in Rome is geïnspireerd. Dit treinstation in St. Petersburg wordt het *Moskou station genoemd*. Aan de andere kant van de lijn in Moskou staat een identiek exemplaar. Tegenwoordig heet dit niet St. Petersburg Station, maar draagt het nog steeds de naam *Leningrad Station* die het al in 1925 kreeg. Er waren plannen voor om het weer de originele naam te geven, maar deze zijn nog niet gerealiseerd.

De treinstations van Moskou en de Soviet-nostalgie

Naast het treinstation van Leningrad heeft Moskou acht andere eindstations (met in totaal bijna 2 miljoen passagiers per dag). De Sovjet-Unie leeft ook voort in het Yaroslav-station, gebouwd in een vreemde neo-Russische stijl van 1902-1904 en het startpunt van de Trans-Siberische spoorlijn.

153

Op het dak staat nog steeds de hamer en sikkel met het opschrift CCCP (USSR).

☞ Nog meer Sovjetnostalgie kan men zien in het museum van het treinstation van Paveletsky: hier is de begrafenistrein tentoongesteld waarmee het lichaam van Lenin, die in 1924 in Gorky (nu weer omgedoopt tot Nizhny Novgorod) stierf, naar Moskou werd vervoerd. Overigens moest Lenin, zoals al eerder beschreven, voor de contrarevolutie ooit naar Finland vluchten met een locomotief vermomd als stoker.

Het Kiev station van Moskou en de Big Ben

De klokkentoren van het Kiev station in Moskou wordt door de bevolking ook wel Big Ben genoemd vanwege zijn hoogte en de grote klok. Het station heeft net als het St. Pancrasstation in Londen ook een gigantische glazen perronhal. Het Kiev station van Moskou is het enige station van de hoofdstad met een gevel die uitkijkt op de rivier de Moskou. In London houdt het Blackfriars station de Thames gezelschap.

Tolstoj 's dood op een treinstation

In november 1910 vertrok de grote Russische schrijver Leo Tolstoj op 82-jarige leeftijd met de trein naar het zuiden met zijn arts en dochter. Hij wist niet precies met welke bestemming, sommigen zeiden dat hij naar de Kaukasus wilde reizen, anderen houden het erop dat hij naar Constantinopel wilde. Hij liep tijdens de treinreis een longontsteking op. Nadat hij bloed had gespuugd, moest hij de reis afbreken op het treinstation van Astopovo, enkele honderden kilometers ten zuiden van Moskou. Hij ging liggen in het huis van de stations opzichter en stierf daar een paar dagen later, omringd door de pers. Het treinstation van de stad werd later omgedoopt tot *Tolstoj Station*. Toen de dood van Tolstoj in 2008 werd verfilmd in de film *The Last Station*, gebeurde dit niet op een Russische locatie, maar koos men voor het treinstation Pretzsch in Saksen-Anhalt in Duitsland.

Samara – hoogte- en dieptepunten

Het nieuwe hoofdstation van Samara wordt beschouwd als het hoogste stationsgebouw van Europa. Het omvat een kantoortoren van meer dan 70 meter hoog. De grote glasplaten moesten echter meerdere keren vervangen worden vanwege de trillingen van de treinen. Toen de Duitsers Moskou naderden, trok Stalin zich met de trein terug naar Samara, omdat hij vliegangst had. De stad had de diepste bunker van de Sovjet-Unie. Overigens vond in mei 2007 de topontmoeting tussen Rusland en de EU plaats in Samara.

Station Kaliningrad Zuid weer bereikbaar

In 1929 werd dit station geopend als centraal station van Königsberg. In die tijd werd het gezien als het modernste treinstation van Duitsland en als voorbeeld voor het later geopende centraal station van Duisburg. Hoewel er van het oude Königsberg maar weinig over was, doorstond het station de oorlog onbeschadigd. Na de oorlog werd er overgeschakeld op breedspoor en werd de naam van het station veranderd in Kaliningrad Zuid. Vanwege militaire redenen bleef er wel een normaalspoor Polen gehandhaafd. Zo konden kort na de val van de muur de eerste speciale toeristentreinen vanuit Berlijn alweer arriveren. Tegenwoordig rijdt er dagelijks een trein naar Gdansk, met doorgaande rijtuigen naar Berlijn.

Moermansk of Pechenga?

Moermansk, de tweede meest noordelijke stad ter wereld na Norilsk (68 ° 58 '), heeft verschillende records voor de meest noordelijke locatie van allerlei faciliteiten in handen. Maar sinds de Noren Longyearbyen uitbreidden, dat nog eens 10 graden noordelijker op Spitsbergen is gelegen, is het de meeste records kwijtgeraakt. Moermansk heeft nog wel de meest noordelijke synagoge en de meest noordelijke ijsbreker met toeristische rondleidingen. Misschien heeft Moermansk nog wel het meest noordelijke treinstation ter wereld. Pechenga, een nederzetting gelegen ten noordwesten van Moermansk niet ver van de grens met Noorwegen, eist deze eer op. Maar het is niet zeker of daar vandaag de dag nog treinen komen.

8.3 Siberië

De geboorte van Nureyev

Als geboorteplaats van de danser Rudolf Nureyev (1938-1993) wordt soms Irkoetsk genoemd, maar dat is slechts ten dele waar. De hoogzwangere Tartaarse moeder van Nureyev wilde dat haar man, die in Vladivostok was gestationeerd als officier van het Rode Leger, bij de geboorte aanwezig zou zijn. Dus vertrok ze met de Trans-Siberische spoorweg richting de Stille Oceaan. Maar de bevalling begon al in de trein. En zo werd Nureyev, die wordt beschouwd als de grootste danser van de 20e eeuw, geboren in de trein (op 17 maart 1938) voordat het station van Irkoetsk was bereikt.

Yekaterinburg (voksal) - brug tussen Europa en Azië

Yekaterinburg (1924-1991 Sverdlovsk) ligt 40 kilometer ten oosten van het Oeralgebergte dat de scheidingslijn tussen

Europa en Azië vormt. De brug tussen Azië en Europa is ook zichtbaar in het treinstation, waarin twee allegorische figuren Europa en Azië voorstellen.

Yekaterinburg-Shartash- eindpunt voor de Tsarenfamilie

In de zomer van 1918 stapte de Russische Koninklijke familie op het station Shartash in Yekaterinburg uit een trein afkomstig uit hun ballingsoord Tobolsk. De bolsjewieken wilden voorkomen dat ze aankwamen op het centraal station (Vokzal) om er niet te veel ruchtbaarheid aan te geven. Op 17 juli 1918 werden tsaar Nicolaas II en zijn gezin doodgeschoten, naar verluidt op bevel van Lenin.

Sludyanka - het marmeren treinstation

Het Sludyanka-station aan de Trans-Siberische spoorweg is het enige station ter wereld dat is gebouwd van marmer. Daarom wordt het ook wel het marmeren Station genoemd. Er is een marmergroeve nabij de stad. Het marmer wordt onder andere gebruikt voor grafstenen. Met marmeren station wilden de autoriteiten de voortgang van de bouw van de Trans Siberische spoorlijn vieren. Overigens geven alle klokken op de treinstations aan de Trans-Siberische spoorlijn de tijd aan volgens de zone Moskou in plaats van lokale de tijd om de passagiers een makkelijk referentiepunt te bieden.

157

Norilsk en de bottenspoorweg.

Norilsk (210.000 inwoners) is de meest noordelijke stad ter wereld (69 ° 20 '). De stad is sinds 1998 niet meer aangesloten op het Russische spoorwegnet voor personenvervoer. Momenteel worden er alleen nog delfstoffen vervoerd naar de haven van Doedinka. Deze geïsoleerde spoorlijn is de noordelijkste spoorlijn van Rusland.

Onder Stalin werd van 1949-53 een poolspoorlijn genaamd 'de Noordelijke Magistraal' aangelegd die naar Igarka niet ver van Norilsk als zou moeten leiden. Er werd alvast een enorm monumentaal treinstation gebouwd in Norilsk. Omdat de spoorlijn letterlijk aangelegd werd op de botten van de arbeiders die omkwamen door uitputting, kreeg het project al snel de bijnaam 'De bottenspoorweg '. Met de plotselinge dood van Stalin in 1953 werd het project stopgezet en was 700 kilometer spoorlijn voor niets aangelegd door goelag dwangarbeiders.

Novosibirsk – gemodelleerd naar een stoomlokomotief

Het station Novosibirsk, gebouwd in de jaren dertig, is het grootste aan de Trans-Siberische spoorlijn. De gevel laat duidelijk zien dat het werd gebouwd tijdens het stoom-tijdperk. Het silhouet van het stationsgebouw is gemodelleerd naar het profiel van een stoomlocomotief.

Birobidzhan – speciale relatie met Israël

In 1928 werd door Stalin aan de Chinese grens een Joodse Autonome Regio (Oblast) gesticht. De Sovjets beoogden daarmee de Joden een Joodse nationale staat te geven. De hoofdstad is Birobidzhan, dat sinds 1898 bereikbaar is met de Trans-Siberische spoorweg. Het station is waarschijnlijk het enige station ter wereld met de naam van de stad zowel in Cyrillisch en Hebreeuws schrift. Na de oorlog woonden er 30.000 joden in de regio. Sinds de val van de Sovjet-Unie zijn velen van hen naar Israël geëmigreerd en bedraagt hun aandeel in de bevolking minder dan 5%.

Vladivostok, startpunt van de Trans-Siberische spoorweg

Sinds 1903 verbindt de Trans-Siberische spoorweg de stad Vladivostok aan de Stille Oceaan per spoor met Moskou, 9288 kilometer verderop gelegen. Het station van Vladivostok wordt beschouwd als een kopie van het Yaroslavl-station in Moskou, gebouwd door Fyodor Schechtel in 1902-1904. Dit station is het startpunt van de Trans-Siberische spoorlijn. Na de Russische Revolutie konden de communisten het niet nalaten de hoofden van de tweekoppige adelaar aan de gevel van het treinstation van Vladivostok af te zagen.

Vladivostok is overigens niet, zoals men wellicht zou denken, het meest oostelijke station van Trans-Siberische Spoorlijn, maar het meest zuidelijke. Het meest oostelijke station is de stad Khabarovsk, vernoemd naar de Kozak Khabarov.

Nachodka en het gekkenhuis van Kabul

Tijdens de Koude Oorlog was Vladivostok verboden gebied voor buitenlanders. De veerboten naar Japan vertrokken vanaf het tweede eindpunt van de Trans Siberische Spoorlijn, de haven van Nakhodka. De Amerikaanse schrijver Paul Theroux beweerde in zijn reisboek 'The Great Railway Bazaar' uit 1975 dat het treinstation van Nakhodka gepleisterde muren had en de *afmetingen van het gekkenhuis in Kabul*.

9. Kaukasus

Yerevan en de banketbakkersstijl

In 2000 werd de lezers van het Britse tijdschrift The Independent Traveler gevraagd om hun favoriete treinstation te noemen in gebieden die zelden door toeristen werden bezocht. David Turns uit Liverpool stelde het station Bled-Jezero in Slovenië, Cincinnati Union Station in de VS en het centraal station van de Armeense hoofdstad Yerevan voor. Turns meende dat het treinstation met zijn torenspits er duidelijk uitsprong vergeleken met de andere gebouwen in de stad, die vanwege het risico op aardbevingen laag gehouden zijn. Het station werd gebouwd in 1956 en was een van de laatste gebouwen in de stalinistische 'banketbakkersstijl'. De gevel met zijn zuilengalerij en zijn spitse stations toren domineert het stationsplein. Er valt zelfs nog een rode ster te bewonderen op de stations mast. In zijn goed bewaarde Sovjetpracht is het station echter een goed bewaard geheim. Toen Turns zijn kaartje voor de trein naar Tbilisi kocht, was hij de enige passagier in het station en kwam hij erachter dat er slechts vier treinen per dag vertrokken.

Gori - de geboorteplaats van Stalin

Gori in Georgië is een romig geel, goed bewaard gebleven neoklassiek station met een zuilengang. Er hing nog lange tijd een portret van Josef Stalin boven de toegangsdeur aan de perronzijde. Er stond ook nog een standbeeld van Stalin in een van de wachtkamers op het station. De reden voor de lokale waardering van de Sovjetdictator, wiens standbeeld tot de zomer van 2010 ook nog voor het stadhuis viel te bewonderen, was de geboorte van Stalin in 1878 in Gori.

☞ Gori ligt trouwens niet ver van de grens met de regio Zuid-Ossetië en werd tijdens het Ossetische conflict in augustus 2008 bezet door Russen en Zuid-Osseten. De Nederlandse cameraman Stan Storimans kwam hierbij om het leven. Later probeerden de Georgiërs de herinnering aan Stalin te ontmantelen.

Het treinstation van Tbilisi en het Gulden Vlies

In de Griekse mythologie komt fabelachtig rijk land voor aan de oostelijke rand van de Zwarte Zee. Hier ontvoerden Jason en de Argonauten het Gulden Vlies van koning Aietes met de hulp van zijn dochter Medea. Het gouden vlies was de vacht van de ram Chrysomeles, die kon vliegen. De ram redde de kinderen van koning Athamas van hun jaloerse stiefmoeder en bracht hen in veiligheid naar Colchis. De ram werd geofferd en zijn vacht werd opgehangen in een heilig bos, alwaar deze werd bewaakt door een draak. Colchis zou het huidige Georgië zijn geweest. Georgië was ooit rijk aan goud en er werden schapenvachten gebruikt om het goud uit het rivierwater te zeven – dit is waarschijnlijk de oorsprong van de mythe van het Gulden Vlies.

Bezoekers die aankomen op de luchthaven in de Georgische hoofdstad Tbilisi en die met de trein naar het stadscentrum reizen vanaf de luchthaven worden wellicht aan deze mythe herinnerd. Met zijn goudkleurige buitenbekleding en zijn gebogen vorm met knopen lijkt het treinstation alsof iemand een knoop in het gulden vlies heeft gelegd en het over het treinstation heeft gedrapeerd.

President Shakashvili beweerde ooit dat het station van de luchthaven veel beter was dan dat van Genève.

Literatuur

Les plus belles histoires des trains
Timée Editions, Boulogne 2003

Paul Atterbury
Tickets Please-
A Nostalgic Journey Through Railway Station Life
David & Charles, Shalbourne 2006

Bund Deutscher Architekten (Hrsg.)
Renaissance der Bahnhöfe
Vieweg Verlag, Braunschweig 1996

Jérôme Camand, Philip Gould (Photos)
Les Plus Belles Gares de France
La Vie du Rail, Paris 2005

Jean des Cars
Dictionnaire amoureux des Trains
Librairie Plon, Saint-Amand-Montrond 2006

Lis Künzli (Hrsg.)
Bahnhöfe. Ein literarischer Führer
Eichborn Verlag, Berlin 2007

Mihály Kubinsky
Bahnhöfe Europas- Ihre Geschichte, Kunst und Technik
Franck'sche Verlagshandlung, Stuttgart 1969

Benedict le vay
Britain from Rails
A Window Gazer's Guide
Bradt, Bucks (UK), 2009

Erich Preuß, Hans-Joachim Kirsche
Wunderwelt der Eisenbahn
GeraMond Verlag, München 2001

Ralf Roth
Das Jahrhundert der Eisenbahn
Jan Thorbecke Verlag, Ostfildern 2004

Brian Solomon
Railway Masterpieces
David &Charles, Newton Abbot 2002

Webpagnina´s

www.de.wikipedia.org
(Wikipedia-pagina´s over treinstations)

www.anecdotage.com
(Amerikaanse Anekdoteswebsite)

www.jernhusen.se
(Gegevens van Zwedse treinstations)

www.kolej.one.pl
(Informatie over Poolse treinstations)

http://www.skyscrapercity.com/showthread.php?t=342415
World´s Largest and Busiest Rail Stations

http://www.kesten.de/index.php?station=podwol&kat=ORT
Informatiie over station Podwoloczyska

http://rixke.tassignon.be/spip.php?article563
Mechelen, Milliaire-kolom op het treinstation

http://www.treintrambus.be/actueel/blog/1216-opstapcijfers.html
Invoernummers op Belgische treinstations

http://www.ostpreussen.net/index.php?seite_id=12&bericht=04&kreis=13&stadt=23
Treinstation Korschen, voormalig Ost-Pruisen)rein

<u>**Meer stationsboeken van de auteur**</u> (www.bod.de)
(in totaal 5 delen, 1001 stationsverhalen)

Der Schicksalsbahnhof jenseits der Berge
Kleine Geschichten zu 111 Bahnhöfen in den Alpenländern
Books on Demand, Norderstedt 2020

Palast der tausend Winde und Stachelbeerbahnhof
Kleine Geschichten zu 222 Bahnhöfen in Deutschland
Books on Demand, Norderstedt 2020

Der Lebkuchenbahnhof am Ende der Welt
Kleine Geschichten zu 222 Bahnhöfen in Afrika, Asien und
Ozeanien
Books on Demand, Norderstedt 2020

Grand Central Terminal und Pampabahnhof
Kleine Geschichten zu 222 amerikanischen Bahnhöfen von
Alaska bis Feuerland
Books on Demand, Norderstedt 2020

Antwerpen CS

164